sociología
y
política

El antidesarrollo de América Latina

por

SERGIO DE LA PEÑA

siglo veintiuno editores

siglo veintiuno editores, s.a. de c.v.
CERRO DEL AGUA 248, DELEGACIÓN COYOACÁN, 04310, MÉXICO, D.F.

siglo veintiuno de españa editores, s.a.
PRÍNCIPE DE VERGARA 78 2º DCHA. MADRID, ESPAÑA

portada de cristina oscos

primera edición, 1971
decimotercera edición. 1999

isbn 968-23-0010-0

ÍNDICE

ADVERTENCIA

El texto presente constituye la exposición de algunos conceptos metodológicos y de su aplicación al examen global del origen, contenido y dinámica del subdesarrollo latinoamericano. En este sentido tiene el carácter temporal, hipotético y condicional que es peculiar de los pronunciamientos de este tipo que se hacen en las ciencias sociales.

El lector advertirá que esta obra pertenece a la actual corriente del pensamiento latinoamericano dedicada a procurar una explicación del atraso y recoge algunas ideas de los representantes de dicha corriente, haciéndolas propias, al grado de imposibilitar la práctica de la cita detallada. Así, se encuentran fragmentos del pensamiento de O. Sunkel, R. Prebisch, H. Jaguaribe, C. Lessa, F. Cardoso, S. Bagú, O. Fals Borda, E. Faletto, R. Stavenhagen, C. Matus, C. Furtado, A. Ferrer, P. Paz, A. Aguilar, M. Wionczek, J. Ahumada y A. Pinto, entre otros. Por esta razón he preferido señalar referencias principales por capítulos al final de la obra y reducir las notas de pie de página a las estrictamente indispensables para el apoyo del discurso.

A pesar de lo anterior, las ideas aquí vertidas son de mi entera y exclusiva responsabilidad.

Quiero hacer patente el generoso apoyo prestado por Miguel Soler y Roger Bordage, así como las críticas de Carlos Payán y de Miguel S. Wionczek.

I

DISCUSIÓN PRELIMINAR

1. ORIGEN DEL INTERÉS POR EL DESARROLLO

El interés por el desarrollo en los países capitalistas se asocia directamente a la difusión de las ideas de John M. Keynes, relativas a la regulación de algunos acontecimientos económicos.[1] Las investigaciones de este gran pensador responden en gran medida a la necesidad de evitar, o al menos reducir, el efecto perturbador de las crisis recurrentes del sistema de producción capitalista.

Cuando se dieron a conocer los principios de la nueva economía de Keynes, se inició una larga batalla entre conservadores y progresistas en los países capitalistas. Los conservadores estaban constituidos por los sectores empresariales y por los estratos de la administración pública que luchaban por preservar el funcionamiento social en torno a los principios del liberalismo económico, al que consideraban como el sistema justo y el más eficiente. La corriente progresista se integraba por los que se inclinaban por la regulación pública de algunas variables económicas estratégicas.

Los defensores de la corriente del liberalismo utilizaban en su favor los argumentos tradicionales de los pensadores clásicos de la ciencia económica: la máxima eficiencia y bienestar se alcanzan cuando cada uno de los participantes en la producción y en el consumo está

[1] Es evidente que las proposiciones keynesianas son parte de una vigorosa corriente del pensamiento a la que contribuyeron los revisionistas del marginalismo (Wicksell, Schumpeter, Veblen); los arquitectos de la Teoría del Bienestar (Hobson, Marshall, Pareto, Pigou) así como los coetáneos de Keynes (Ohlin, Tinbergen, Robinson, etc.).

posibilitado para luchar por su mayor beneficio, es decir, cuando los productores procuren el máximo lucro y los consumidores la más elevada satisfacción. Esta inclinación de los entes económicos a perseguir el mayor beneficio, afirman los participantes de esta corriente, dará lugar al juego de la oferta y la demanda que determine el precio de equilibrio de los bienes como una resultante de ambas fuerzas. En la medida que ese juego de oferta y demanda se efectúa con absoluta libertad, los precios resultantes tendrán la cualidad de reflejar los deseos de los consumidores y las limitaciones de los productores, por lo que pueden utilizarse como elementos de juicio para asignar óptimamente los recursos disponibles. La racionalidad implícita del sistema, se dice, sólo se alcanza cuando se evitan las interferencias a la libre competencia, aun a costa de que culmine con la mayor aberración de la misma: la creación de monopolios.

En contraposición con la corriente que clamaba por la vigencia del liberalismo económico, iba surgiendo dentro del ámbito capitalista un grupo cada vez más numeroso de opositores formado por empresarios, funcionarios públicos y grupos de intelectuales que habían comprendido la enorme potencialidad de los principios económicos de Keynes para la expansión de la economía capitalista y para el beneficio de la empresa. También formaban parte de este grupo los hábiles políticos que apreciaban la fragilidad del sistema productivo, las peligrosas consecuencias sociales de esa inestabilidad y detectaban la ventaja que representaba la posibilidad de control y previsión que en este aspecto prometían los instrumentos de la nueva economía. Todos los integrantes de esta corriente revisionista del capitalismo, ya fueran políticos o teóricos de la ciencia económica, pretendían introducir una adaptación evolutiva en el sistema, pero evitaban de antemano toda modificación que pudiese desatar procesos de cambio social que eventualmente condujesen a la transformación radical del propio sistema.

Para los participantes de esta disputa, el criterio inalterable era que el capitalismo no representaba una etapa transitoria del desarrollo de la humanidad sino, por el contrario, su culminación.[2]

El problema para los contrincantes residía en resolver las diferencias acerca de adaptaciones secundarias que, según los conservadores, eran inútiles y peligrosas y, según los reformistas, eran esenciales para sostener la dinámica del sistema. En este debate se jugaba no sólo una posición teórica más o menos estimulante para la especulación intelectual, sino también poderosos inteses que representaban, por un lado, las corrientes de los grandes monopolios establecidos que consideraban al mundo existente como el mejor posible y, por otro, la corriente renovadora de grupos de empresarios que temían por la estabilidad del capitalismo y que, al mismo tiempo, exigían una participación mayor en las ventajas del sistema y en su control político.

A finales de la década de los años treinta se empezaron a aplicar directivas de política económica de orientación keynesiana en algunas economías. La grave crisis mundial, que se prolongaba por años sin dar visos de recuperación, auspiciaba el ensayo de las nuevas ideas de política económica, ya que las recetas ortodoxas habían mostrado una reducida eficacia para aliviar los males de la depresión. En Alemania se aplicaron intensamente los principios keynesianos y, en mucho menor grado, en los Estados Unidos e Inglaterra. Sin embargo, la solución efectiva de la crisis en la economía norteamericana consistió en el enorme estímulo que sobre la demanda ejerció la segunda guerra mundial desde sus verdaderos inicios, o sea, desde la guerra de España.

Al término del conflicto bélico, el panorama del capitalismo se había transformado sustancialmente. Desde el punto de vista interno de los países adelantados, el

[2] En ese sentido, véase P. Baran, *La economía política del crecimiento*, Fondo de Cultura Económica, México, 1959.

vigoroso crecimiento del sector público había llegado a tal grado que ahora representaba un factor de primera importancia en la determinación del quehacer económico. También el panorama mundial se había transformado radicalmente al cambiar la ponderación de la importancia de los principales países.

El socialismo, en tanto sistema, ya no era un ensayo aislado de dudoso éxito, sino que proclamaba rotundamente su vitalidad al tomar por asalto, espectacularmente, el título de segunda potencia mundial, en el caso de la URSS, y al extender el sistema socialista a otros países de Europa oriental y a China.

A la influencia que ejercía la expansión del socialismo y al crecimiento de la importancia del sector público en el ámbito de los países capitalistas, se aunaba la urgencia de resolver los crecientes conflictos internos antes de plantear una ruptura definitiva del sistema. Es decir, el límite de maniobra política interna para manipular los conflictos se había reducido, por lo que la supervivencia del capitalismo requería de medios más efectivos de control de los acontecimientos económicos y sociales, con el fin de evitar la acumulación de presiones hasta niveles explosivos.

El único medio efectivo para prevenir la acumulación excesiva de presiones internas consistió en mantener en permanente expansión a la economía, en tal forma de poder desviar parte del crecimiento para beneficio de las clases trabajadoras sin alterar la esencia del sistema capitalista. Pero la forma tradicional de funcionamiento del sistema había probado su ineficacia para resolver las crisis determinantes de los conflictos que se pretendían evitar. Por tales razones, los factores perturbadores antes señalados se resolvían, sustancialmente, con las orientaciones keynesianas como criterios básicos para el diseño de la política económica.

Un aspecto esencial de estas orientaciones consiste en el carácter estratégico que cobra el gasto global en la determinación de la demanda y, por tanto, de la actividad general del sistema para sostener un crecimiento equilibrado. Por lo mismo, el gasto público se convierte en un elemento vital de política económica, en la medida que eleva su participación en el gasto global. De aquí la proposición de establecer una regulación de esta variable en cuanto a su volumen, composición y oportunidad de aplicación. Ello abre la puerta a la aplicación de elementos de programación y de planificación, aun cuando limitados a la regulación del sector público y a la inducción de la actividad privada.

Esta apertura de regulación planificadora, consecuencia en parte de la premura por encontrar soluciones al creciente peligro de avance del socialismo, era, paradójicamente, una iniciativa de contenido socializante. Iniciativas de esta naturaleza insinuaban que los caminos de la planificación podrían llegar a ser el medio que permitiese la transición del capitalismo reformista hacia formas de organización social diferentes. En esa evolución, un primer estadio podría ser la instauración del capitalismo de Estado.

Mientras tanto, algunos sectores revisionistas del capitalismo proclamaban la planificación "democrática" y de libre empresa como la respuesta positiva al peligro socialista y, al mismo tiempo, los grupos más conservadores denunciaban estas iniciativas como socializantes. En todo caso, la parcial modificación del sistema capitalista parecía representar la única forma de retardar el advenimiento del socialismo.

De esta combinación de tendencias surgió la necesidad de elaborar una hipótesis global acerca de la evolución del sistema económico que formase un marco de referencia general para su adecuada regulación. A este objeto, fueron diseñándose instrumentos varios para controlar aspectos específicos del fenómeno social. La mezcla de todos estos elementos daba como resultado último la idea de aplicar técnicas de planificación a las economías capitalistas, reformándolas consecuentemente, con la pretensión de convertir esta nueva versión del sistema de producción de empresa privada en un camino paralelo y alternativo al socialismo.

Es importante señalar algunas de las características más notables que observa el proceso de elaboración y la proposición de las diversas partes que conforman la hipótesis del desarrollo y de las técnicas de planificación dentro del capitalismo. Una de ellas consiste en que a partir de una supuesta objetividad científica, que usualmente se atribuye la cualidad de ser políticamente amorfa, se lleva a cabo una recopilación de hechos, datos estadísticos y estudios que se ordenan, clasifican y sistematizan para dar base a interpretaciones globales y específicas del fenómeno económico. Sin embargo, con frecuencia la interpretación y las hipótesis empiezan a dar señales de debilidad teórica, la que en ocasiones trata de solucionarse mediante adiciones más complejas.[3]

Con mucho menos frecuencia, los primeros productos teóricos de otra labor de búsqueda de interpretaciones de los fenómenos sociales, a poco de avanzar en la elaboración y en la investigación, tropiezan con indicios de estimulantes pensamientos que pronto muestran un trasfondo de perfiles materialistas. En muchos casos se conservan como tales, pretendiendo con ello prestar al cuerpo principal de análisis un matiz progresista, pero sin modificar la proposición y el método original, lo que en ocasiones produce importantes distorsiones.[4] En los menos de los casos, el analista evalúa, acepta y hace suyas las proposiciones doctrinarias e instrumentales materialistas así encontradas.[5]

Estos resultados no son tan inesperados como podría suponerse, sino plenamente previsibles. Por un lado sucede que los prejuicios, conocimientos y cultura en general del investigador influyen poderosamente en su inter-

[3] Algunos ejemplos de estas teorías son: el supuesto origen protestante del capitalismo; la aritmética del neomalthusianismo; los juegos mecánicos de Rostow, etc.

[4] Véase, por ejemplo, J. Strachey, *El capitalismo contemporáneo,* Fondo de Cultura Económica, México 1960.

[5] Un notable caso reciente es el de W. Mills, en su proceso de aceptación de las ideas materialistas.

pretación del fenómeno social, sobre todo cuando está convencido de que existe la objetividad científica impoluta y no toma las precauciones elementales del caso para intentar aislar, en el grado que pueda hacerlo, esas influencias. Por este medio se filtran en la interpretación ideas y matices producto de la actitud personal del investigador al grado que pueden eventualmente desvirtuar la validez de sus proposiciones.

Por otra parte, es indudable que ciertos estudios acerca de la planificación y el desarrollo, dada la naturaleza transformadora de las acciones a que dan lugar, caen, sea de manera casual u obligados por la propia investigación, en concepciones materialistas. De tal situación han de surgir inevitablemente paralelismos y coincidencias con los analistas marxistas que se orientan en la misma dirección de cambio. La diferencia consiste en que en un caso se trata de modificar parcialmente el capitalismo a fin de preservarlo y en el otro se pretende transformarlo radicalmente.

2. EVOLUCIÓN DEL CONCEPTO

Es notable la íntima relación que existe entre los acontecimientos principales de una época y el contenido de los conceptos relacionados con la idea de desarrollo.[6]

La *evolución económica* es uno de los primeros antecedentes del concepto de desarrollo. Tiene su origen en la influencia que sobre la concepción del mundo ejercieron las proposiciones acerca de la evolución de las especies desde principios del XIX. En el campo de la economía y la sociología, estas ideas vinieron a combinarse con el pensamiento del liberalismo económico, reforzándolo en cierta medida.

En efecto, el concepto de *evolución económica* surge poco después de que se hacen públicas las tesis bioló-

[6] Véase O. Sunkel y P. Paz, *El subdesarrollo latinoamericano y la teoría del desarrollo,* Siglo XXI, México, 1970.

gicas del evolucionismo que habrían de cambiar sustancialmente la idea que sobre sí mismo tenía el hombre y de su papel dentro del mundo animal. En la esfera económica las proposiciones evolucionistas suponen la existencia de un orden natural basado en la supervivencia del más fuerte. De esta proposición se sigue que la óptima organización social es la que permite crear las condiciones favorables para que tenga lugar la selección natural o sean las que garanticen la mayor competencia entre todos los componentes y participantes del sistema. La posibilidad de competir se convierte, por lo mismo, en el precepto ético esencial para alcanzar la justicia social natural. La máxima competencia para garantizar la operación de las leyes naturales de selección se favorece mediante la reducción al mínimo de los factores perturbadores y, particularmente, de la intervención del Estado en los acontecimientos económicos.

La teoría supone que los empresarios competirán encarnizadamente con el fin de obtener el más elevado beneficio, para lo que tenderán en general a luchar por aumentar su eficiencia y lograr de esta manera reducir sus costos de producción. Por este medio los empresarios incrementan su ganancia, dado un nivel determinado de precios. Una vez lograda la finalidad de reducir los costos gracias a la incorporación de nuevas tecnologías que mejoran su productividad, las elevadas utilidades que ello aporta atraerán a esa rama a nuevos productores. Ello inducirá la adopción general de la nueva técnica en empresas competidoras, se incrementará la oferta total y se propiciará la reducción subsiguiente del precio del producto, eliminándose en este proceso a las empresas incapaces de sostener la permanente lucha por la eficiencia. Esta tendencia general redundará en el mayor beneficio del consumidor que, a su vez, procurará adquirir preferentemente los productos más baratos. De esta manera sería premiado el productor diligente y hábil y castigado el más inepto, con lo que se produciría el elemento necesario del lado de la demanda para que tenga lugar la ley de la selección natural en la esfera económica y para que el sistema competitivo ejerza su máxima influencia bienhechora.

Algunas décadas más tarde, se acuñó el término *progreso económico* como un producto de la difusión de la revolución industrial en Europa. Era la expresión, en el ámbito económico, de la idea de la racionalidad absoluta como posibilidad de funcionamiento humano. Los abanderados del *progreso económico* sustentaron que la solución a los problemas sociales se encontraba en la expansión permanente de la producción, lo que sería una aspiración viable, gracias a los efectos que causa el constante cambio tecnológico. Afirmaron, asimismo, que el problema de la intervención del sector público en la economía era irrelevante, en tanto se mantuviera un elevado ritmo de aplicación de la técnica al proceso productivo; que la ciencia resolvería el problema ideológico de golpe al eliminar la preocupación económica; que la organización de la sociedad era cuestión de administración y no de política y, por último, proclamaban que había llegado el momento de que la operación de la economía mundial se limitara al funcionamiento de un mecanismo científico, dentro del cual la asignación de los recursos y la distribución geográfica de la actividad, de acuerdo con las capacidades óptimas de los países, garantizara el mayor bienestar para todos.

Lo anterior dio lugar a la argumentación en favor de la división mundial del trabajo que habría de efectuarse en función de las ventajas relativas de cada país.

De aquí surge la evolución de la idea acerca del ordenamiento mundial, que en la etapa de la gran expansión imperialista, y a partir de las proposiciones de división de labores, culminaría con el diseño del esquema político de lo que dio por llamarse las *esferas de interés*. Este esquema de política habría de continuar en vigencia formal hasta los años de la primera guerra mundial, y en forma vergonzante hasta nuestros días. Para los países metropolitanos esta tesis política reflejaba su intenso deseo de preservar el orden existente, creando una división internacional de espacios económicos que habrían de funcionar con un polo central y una zona de protección en situación de dependencia permanente con aquél.

En este esquema se supone que los países atrasados deben asociarse a los polos de expansión económica en la búsqueda de la relación de costos y precios más favorables, gracias a la práctica de la especialización internacional. Las áreas coloniales, por su especialización, tendrán elevados niveles de productividad y eficiencia y podrán, en consecuencia, vender a la metrópoli bienes primarios al menor precio posible. Por su parte, la metrópoli, al adquirir los bienes primarios baratos, también puede vender al menor precio posible los productos manufacturados en cuya elaboración se especializa. Cualquier procedimiento debe aplicarse, incluyendo la agresión militar, para remover los obstáculos externos o internos que afecten la fluidez de la corriente de materias primas o las características de los mercados de manufacturas, ya que, en caso contrario, se perturbarían las delicadas condiciones necesarias para la operación óptima de la economía. En nombre del bienestar social de todo el mundo y como garantía para la preservación del orden, la paz y la eficiencia, se justifica cualquier acción encaminada a mantener el equilibrio internacional de fuerzas, de esferas de interés económico y de relaciones comerciales. En esta etapa, que corresponde al período de expansión del imperialismo, la evolución técnica se combina con ideas de la selección natural para sustentar argumentos sobre la superioridad racial europea, sobre el "destino manifiesto" y sobre la necesidad de que los centros imperiales mantengan un papel rector en los acontecimientos mundiales.

En las primeras décadas de este siglo surge el concepto de *crecimiento económico* en los países capitalistas, que para entonces han alcanzado un elevado nivel de vida y una formidable capacidad de producción. El capitalismo se orienta cada vez más a la defensa de sus conquistas y, en consecuencia, se dedica a preservar su propia subsistencia y a consolidar sus avances, por lo que necesita autojustificarse mediante el argumento de que el capitalismo es el más elevado escalón en la evolución de la humanidad. Así, el interés se encuentra cada vez más en la estabilidad del sistema y en la preservación del *statu quo* mundial. La preocupación de los pensadores capitalistas se vuelca a los problemas de equilibrio, o sea de expansión del sistema, pero sin modificaciones de fondo. La génesis de las crisis, su frecuencia y la oportunidad con que suceden y el correspondiente estudio de los ciclos, absorben toda la atención de la ciencia económica. Para la rama capitalista de esta disciplina, la mayor aspiración consiste en encontrar un sistema de previsión de las crisis y un método para solucionar las perturbaciones que provocan.

La ocupación de la mano de obra es uno de los aspectos de mayor interés, tanto por ser la condición esencial para lograr la más elevada producción, como porque significa la solución a la inquietud política que producen la desocupación y el hambre por sí mismos. Pero, a pesar del complejo aparato teórico que elaboró la corriente ocupada en el estudio del *crecimiento económico,* la realidad ponía en evidencia, con cada crisis, las limitaciones de estas aportaciones para cumplir con la tarea de lograr el equilibrio en el crecimiento. Por su inconsistencia teórica estaba destinada a fallar en la misión preservativa que le había sido asignada.

La pretensión de mantener estático el sistema mundial habría de demostrar, una y otra vez, que era contraria a la dinámica propia de los centros de hegemonía capitalista y a la creciente ponderación del subdesarrollo como elementos determinantes del desequilibrio mundial.

A mediados del presente siglo se empezó a utilizar el concepto de *desarrollo* que toma su inspiración del materialismo científico para proponer un cuerpo de doctrina económica, en el que tiene un lugar predominante la idea de la relación dialéctica de los fenómenos sociales. Es indudable que en la difusión de esta corriente del pensamiento no sólo influye la existencia de países socialistas y la presión permanente de su competencia política, sino también el que en la posguerra las naciones atrasadas se enfrentaron a un mundo externo más hostil y con un medio interno cada vez menos dócil. Esta conjunción de factores daba cada vez más un carácter explosivo a los conflictos nacionales, lo que eliminaba la posibilidad de seguir esgrimiendo los idílicos principios del equilibrio económico contenidos en las teorías del crecimiento. La realidad erosionaba a la teoría.

La idea de *desarrollo* ha sido propuesta por dos corrientes antagónicas del pensamiento. La primera de ellas está constituida por los promotores de un capitalismo reformado que se convierten, en la posguerra, en ardientes propagandistas del *desarrollismo* como salida de conciliación entre la supervivencia del capitalismo y la creciente presión social que exige una mayor equidad en la distribución de los beneficios de la producción. De esta manera, el sector que representa la avanzada progresista del capitalismo proclamó la necesidad de efectuar una reforma profunda como única salvación posible del sistema. Esta reforma tendría que lograr simultáneamente la aceleración del desarrollo de los países atrasados a base de su industrialización y, de esta forma, contribuir al alivio de la explosiva presión social con la modificación del comportamiento internacional del capitalismo.

Por lo menos son dos las objeciones al planteamiento *desarrollista* que con frecuencia se hacen. Por un lado, este pensamiento supone que el desarrollo se efectúa por etapas preestablecidas en una secuencia histórica inevitable, lo que no parece congruente con la realidad. Por el otro, atribuye al capitalismo una docilidad y una capacidad de racionalización que tampoco parece posible, dada su forma característica de operación.

Así, por ejemplo, la modificación de la pauta de comportamiento entre países atrasados y adelantados, que sería uno de los puntos estratégicos para sustentar las tesis de una política desarrollista, hasta ahora no responde a la simple buena voluntad de los dirigentes políticos de países adelantados o atrasados. Los acontecimientos recientes por lo que se refiere a la fijación de precios de materias primas, así como de asistencia técnica y financiera, demuestran que existe una profunda diferencia en lo que se entiende por "buenas intenciones" según el lado desde el que se opina, ya sea desde el del atraso o desde el de los intereses de los países adelantados.

La segunda línea del pensamiento que propone la idea del *desarrollo* proviene de la corriente marxista, que supone la posibilidad de controlar y racionalizar la evolución de la economía, siempre y cuando sea dentro de un contexto social y político apropiado. La expansión capitalista, afirma, puede ser más eficiente que en el pasado, aun cuando será inevitablemente superada más adelante por las formas de organización socialista. La meta final es el establecimiento del socialismo y, para ello, puede colaborar el cambio evolutivo y no sólo el revolucionario. El *desarrollismo* supone reformas al capitalismo que constituyan acercamientos al advenimiento del socialismo, con los que es previsible que habrá de reducirse la violencia del cambio en las etapas de transformación política y económica del proceso revolucionario. Por otro lado, se supone que los esfuerzos en relación al desarrollo que debe realizar un país dependiente, llenan la función de aportar mejorías a la población y auspician el avance en la formación de la vital infraestructura económica y, sobre todo, de iniciar procesos irreversibles de transformación social.

El concepto de *desarrollo* tiene como base metodológica el supuesto de la interdependencia dialéctica de los componentes y de los determinantes del fenómeno social. El papel del especialista en ciencias sociales consiste en detectar el sistema de interacciones para conocer y describir la realidad, y poder así, después, utilizar el instrumento global que ha creado y que consiste en la reproducción simplificada del mundo real y para diagnosticar sus particularidades. Con esta base puede diseñarse un cuerpo de política económica que procure alcanzar finalidades viables que combinen el mayor uso de la capacidad de producción con el efecto social más elevado. Al planificador toca la tarea de evaluar los diversos caminos de acción, en cuanto a las posibles consecuencias económicas, costos sociales y efectos políticos, de tal forma que se aporten los elementos de juicio necesarios para fundamentar las decisiones más acertadas.

En la década de los años cincuenta se difundieron estas ideas en las naciones atrasadas. Los países dependientes fueron cobrando mayor vigencia por la rápida modificación de la estructura mundial del poder económico y político. La proliferación de movimientos de independencia en los países coloniales y la permanente amenaza de transformación radical del sistema heredado en cada uno de los países atrasados, dio lugar a un complejo mecanismo mundial de precisión y negociaciones en el que el chantaje tenía un papel preponderante.

Después de la segunda guerra mundial, se acentuó la necesidad de acelerar el desarrollo europeo en torno a la reconstrucción económica emprendida. Por otra parte, el reclamo de los países atrasados a una participación mayor en los beneficios del desarrollo mediante la modificación de las relaciones económicas mundiales (mejor trato comercial, asistencia financiera y técnica), y la lucha por lograr mayor independencia con respecto a los centros de poder capitalista, constituían parte del nuevo panorama.

El estudio y solución de esos problemas dieron lugar a la elaboración y difusión de hipótesis acerca del desarrollo y de las técnicas de planificación. Sin embargo, proliferaron también las aplicaciones mecánicas de métodos y modelos que no correspondían a las realidades del subdesarrollo.

En ese sentido, deben señalarse los intentos de adaptación de los modelos derivados de la experiencia europea del siglo pasado a economías dependientes con subocupación masiva y monoproductoras. En estos intentos desempeñan un papel principal la adopción de técnicas de producción incompatibles con la compleja difusión del subdesarrollo a todas las partes y componentes de las sociedades atrasadas.

En virtud del fracaso de la política económica que se había aplicado a países subdesarrollados, y que había sido diseñada con base en teorías elaboradas para economías de mayor evolución, empezó a surgir una corriente renovadora que, por un lado, era el resultado de la reacción ante la política económica ortodoxa que había mostrado ser poco efectiva y, por otro, el producto de poner en duda las ideas heredadas. Se trataba de adelantar nuevas tesis especialmente orientadas a investigar el problema del subdesarrollo por sí mismo, y no suponiendo esta condición como lo que les hace falta a los países atrasados para alcanzar el paradigma del desarrollo.

De este conjunto de elementos se desprenden las líneas del pensamiento esenciales que en la actualidad sustentan las investigaciones más estimulantes en este campo. El resultado será la elaboración de un cuerpo de doctrina y de la correspondiente metodología de análisis que se ocupe del desarrollo como proceso, del subdesarrollo como una resultante que está íntimamente relacionada con aquél y de las técnicas para resolverlo. Estas técnicas habrán de proponer instrumentos que respondan a una doctrina política congruente con las correspondientes aspiraciones sociales y económicas de las sociedades atrasadas.

Desde un punto de vista analítico, la tarea se plantea en términos de examinar críticamente la realidad del atraso con el fin de detectar las razones de su dinámica y encontrar los caminos que respondan a las necesidades inmediatas, pero también a las de más amplio plazo, referentes a la solución del subdesarrollo.

Pueden ser conflictivas las opciones entre el bienestar inmediato y el desarrollo, así como entre la eficiencia u optimización económica y la eliminación del atraso. Pero estas cuestiones deben ser resueltas con la ayuda de instrumentos diferentes a los que han sido aplicados en la economía capitalista avanzada, ya que la solución al subdesarrollo se encuentra en tesis acerca del funcionamiento social que difieren en parte de las concepciones tradicionales.

II

ENSAYO DE UNA DEFINICIÓN

1. EL VÍNCULO ENTRE CONCEPTO, METODOLOGÍA E INSTRUMENTOS DE CUANTIFICACIÓN SOCIAL

Los conceptos de *desarrollo* y *subdesarrollo,* así como su relación comparativa —que siempre demanda una labor de cuantificación—, no han sido plenamente definidos en la abundante literatura que se ha producido en torno a estos temas. En el presente capítulo pretendemos exponer algunas de las ideas que se han expresado al respecto y de los métodos de medición usuales, a fin de criticarlos y proponer un marco conceptual que sirva de base para elaborar una definición del subdesarrollo.

Veamos, por lo tanto, algunos problemas conceptuales y de cuantificación que plantean ciertas hipótesis del desarrollo.

Con frecuencia se utiliza como indicador del desarrollo el cambio de algunas variables de fenómenos que le son propios, tales como la rapidez del aumento en el ingreso total y por persona, la proporción de población urbana, la tasa de natalidad y de mortalidad de la población, la distribución de la población activa por sectores económicos, el índice de alfabetismo, la ingestión de nutrientes, entre otros. En ocasiones se utilizan indicadores que detectan la importancia relativa de variables que son causas del desarrollo, tales como los cambios en los niveles de productividad en diversas actividades o en el ritmo de formación de capital. También es frecuente el uso de indicadores que miden los niveles de utilización de bienes intermedios —asociados a cierta tecnología— que se supone acompañan al desarrollo (ácido sulfúrico, acero, electricidad, etcétera), así como consumos característicos de ciertas pautas culturales que indican, en unos casos, el peso relativo de comportamientos tradicionales (consumo de tortilla y de tipo de calzado en México) y, en otros, la identificación con la forma *moderna* de vida, por ejemplo, el consumo de periódicos diarios, el de ciertos tipos de textiles, el de radios y televisores, entre otros.

Esta abundancia de indicadores crea en ocasiones cierta confusión en su interpretación. Por ello es necesario proponer algunos criterios que habrían de ser considerados para efectuar la elección, cálculo e interpretación de indicadores de los fenómenos sociales en general. Con este fin es conveniente establecer explícitamente las tres formas usuales de detección de los fenómenos sociales. A cada forma corresponde una manera específica de medición de las variables y, por lo tanto, un grupo particular de indicadores. Estas tres formas son las siguientes:

a] Determinación de las variaciones de las categorías principales del fenómeno. Deben señalarse sus componentes, así como los principales elementos que determinan su funcionamiento. Tal es el caso de indicadores de la formación de capital o de la dependencia del sistema social con respecto a polos hegemónicos del exterior. Es evidente que el papel alternativo que con frecuencia desempeñan las variables que pasan de ser factores determinantes a dependientes, cambia de acuerdo con el nivel de globalidad del análisis y de acuerdo con el tipo de fenómeno que se pretende detectar.[1] Así, por ejemplo, el nivel de ingreso es una de las variables determinantes a largo plazo de los factores que componen el fenómeno demográfico (mortalidad, fecundidad, etc.). Al mismo tiempo, las particularidades

[1] Con frecuencia es el lapso considerado, y no el nivel de globalidad de la perspectiva, el que determina el cambio de carácter de una variable social.

demográficas constituyen variables relativamente autónomas en el corto plazo, que influyen decisivamente en la determinación del ingreso nacional.

b] Aspectos externos del fenómeno. La preocupación central consiste en caracterizar la forma como se presenta el fenómeno y no la razón de su existencia o la manera de operar, a diferencia del caso anterior. La descripción externa, necesariamente abstracta, cumple una función estadística mas no interpretativa. Puede optarse también por describir partes esenciales del funcionamiento del fenómeno, y partes de su expresión, sin corresponder necesariamente a toda una hipótesis explicativa.

Así, puede establecerse un indicador de cambio tecnológico agrícola midiendo éste directamente, de acuerdo con una definición apropiada de tecnología, o mediante la ponderación de indicadores que detecten el uso de elementos que permiten dicho cambio, tales como bienes de capital (tractores, por ejemplo), recursos naturales (tierra con riego artificial) y bienes intermedios característicos de esas normas de producción (fertilizantes, insecticidas, semillas mejoradas, etc.).

c] Reflejo del fenómeno en variables ajenas. En este caso se trata de evaluar la magnitud de la variación del acontecimiento mediante el efecto que puede tener, externamente, sobre otros aspectos sociales. El sistema de indicadores habría de construirse mediante la información referente a esos aspectos reflejos; como en el caso de la relación entre la evolución tecnológica de la agricultura y el uso de medios especializados de almacenamiento y conservación de productos agrícolas (silos con elevadores, almacenes refrigerados, etc.). Conocido el grado de utilización de estas instalaciones en relación a la velocidad del cambio tecnológico, la expansión de la capacidad de esas facilidades puede ser utilizada como elemento para cuantificar, aunque sea mediante el uso de rangos, la transformación técnica de la agricultura. En los países atrasados, la débil base industrial es incapaz de producir los bienes de capital necesarios para la inversión. Por ello, la importación de bienes de capital se convierte en confiable indicador parcial de la dinámica de la inversión nacional.[2]

Una vez construido el sistema de indicadores, que usualmente es el resultado de la combinación de los tres métodos señalados, surge el problema de su aplicación simultánea. Al efecto, se recurre al uso de ponderaciones relativas que se aplican para establecer equivalencias entre indicadores, con el fin de transformarlos en conceptos homogéneos y comparables. Es evidente que la ponderación aplicada a cada indicador debe calificar la importancia relativa que dentro del fenómeno global tiene la variable o categoría que detecta dicho indicador. Por lo mismo, es esencial establecer explícitamente el criterio de ponderación de los indicadores, el cual, aun en el caso de que consista en apreciaciones subjetivas acerca de la importancia relativa de las variables, debe corresponder necesariamente a una concepción global del acontecer social. Esta ponderación puede efectuarse, algunas veces, en términos de un sistema coherente que exprese cuantitativamente las relaciones conceptuales que guardan las variables entre sí, lo que permite la elaboración de modelos sociales matemáticos.

Lo antes expresado ilustra la estrecha vinculación que debe establecerse entre la proposición conceptual del desarrollo, la manera técnica de medirse y las ideas acerca de la organización y operación de la sociedad. Desafortunadamente abundan los casos en los que por alguna causa no se logra esa vinculación, lo que da lugar, usualmente, a conclusiones erradas.

[2] Un ejemplo metodológico de particular ingenio se encuentra en el *Caso de México,* de la *Serie Análisis y Proyecciones del Desarrollo Económico,* CEPAL, México, 1957, edición en mimeógrafo.

Los indicadores simples, medidos en términos absolutos, se convierten en valores relativos al vincularlos con otras variables, como, por ejemplo, con las demográficas (población total, activa, adulta, etc.), o con las económicas (ingreso nacional, acervo de capital, etcétera).

Una confusión corriente consiste en suponer que el nivel de ingreso por habitante es un indicador adecuado para definir, por sí solo, el desarrollo, cuando en realidad se trata de una variable determinada por los cambios en el sistema de producción. Por otra parte, el valor absoluto del producto es poco confiable, debido a que está altamente deformado por los métodos estadísticos aplicados, así como por la dudosa información que con frecuencia se utiliza para calcularlo, por lo que es poco aconsejable establecer comparaciones de este indicador entre diversas economías. En rigor, en países de rápida transformación estructural o con elevada inflación, ni siquiera las series históricas deben compararse más allá de períodos cortos.

Se han elaborado algunas hipótesis para medir el grado de desarrollo, a partir de indicadores tales como el del ingreso por habitante, mismo que puede ser elevado por el aumento puro y simple del ingreso (es decir, sin tomar en cuenta los demás componentes del fenómeno económico), o por la limitación del crecimiento de la población.

Tales interpretaciones concentran la atención en la relación aritmética entre el ingreso (o el consumo) y la población, sin entrar al problema de la dinámica de estas dos variables y su estrecha interdependencia. Proponen, por ejemplo, la aplicación de campañas de control de la natalidad bajo el supuesto de que, reduciendo la presión demográfica, se aliviará la miseria y podrá preservarse inalterable el sistema actual de funcionamiento social.

El argumento central del neomalthusianismo, que es el escudo teórico de estas proposiciones, consiste en el anuncio de apocalípticas hambrunas en un futuro inmediato, debido a la supuesta incapacidad técnica de la agricultura para producir suficientes alimentos. En años recientes, la sobreproducción agrícola creada por la llamada *revolución verde,* además de desvirtuar dicha tesis, se ha convertido en un grave problema en casi todo el mundo sin que, por otra parte, se haya reducido dramáticamente el hambre, cuyo origen es fundamentalmente de carácter social —al igual que los cambios de las variables demográficas— y debe encontrar su solución plena en este ámbito, en la medida en que se efectúe, al mismo tiempo, una transformación de las formas técnicas de producción y de organización del consumo. Con ello no se niegan las ventajas individuales del control de la natalidad, sino sólo se objeta la opinión que ubica en la esfera puramente biológica la solución de los problemas sociales.

Algunas corrientes atribuyen a la formación de capital la cualidad de resolver el problema del subdesarrollo a través del incremento de la capacidad productiva. Se utiliza con frecuencia el coeficiente de inversión para calificar este fenómeno (relación entre la inversión bruta y el producto) que representa el grado de concentración de capital y, en cierto sentido, la peculiaridad de la tecnología utilizada en el proceso productivo. Sin embargo, se comete el error de convertir mecánicamente este indicador en el eje del desarrollo, a pesar de que sólo expresa una norma técnica que, además, usualmente corresponde a economías más adelantadas. En este caso, la simplificación excesiva es producto de que el investigador se limita a ejecutar descripciones superficiales del funcionamiento de partes del sistema y a detectar, dentro de estos compartimientos limitados, los instrumentos capaces de controlar el mecanismo general.

Con frecuencia, el propósito de control se orienta a preservar las condiciones de equilibrio para no perturbar la esencia del sistema.[3] Es usual que la abstracción

[3] Las discusiones de los modelos de Harrod y de Domar son textos característicos de esta corriente.

que inevitablemente se aplica para el manejo de conceptos macroeconómicos auspicie la manipulación de los esquemas sociales y de la política de desarrollo en términos altamente agregados, favorables a dichos propósitos preservadores. A ello se añade, en el caso de las corrientes tecnicistas del pensamiento capitalista, la preocupación por la exactitud de la medición de funciones diversas (consumo, producción e inversión), por la cuantificación precisa de la evolución del sector externo, por la eficiencia global del sistema y por las relaciones entre estas variables, pero sin rebasar los estrictos límites de la descripción por medio de cifras estadísticas e interdependencias cuantitativas. Estas proposiciones generalmente no hacen explícito el paradigma anhelado, que se encuentra como trasfondo de las acciones técnicas que se sugieren para remover obstáculos al crecimiento, lo que con frecuencia da lugar a la aplicación de medidas que originan nuevos obstáculos.[4]

También es frecuente la comparación de las circunstancias que prevalecen en diversos momentos de la historia de los países adelantados para apreciar la etapa en la que se encuentra el país atrasado con respecto a ésos, e inferir las transformaciones que se requieren para alcanzar los estadios superiores a que aspira. De esta comparación se habrá de derivar el contenido y el alcance de la estrategia del desarrollo a seguir para lograr la calidad de país adelantado, aun cuando usualmente no se tomen en cuenta las más elementales diferencias que existen entre ambas situaciones.

Sin embargo, debe reconocerse que estos errores conceptuales son menores en comparación con los que hasta hace poco tiempo eran la base de interpretaciones del desarrollo, tales como la pretensión de explicar este fenómeno principalmente en función de la influencia del clima, de la religión y del color de la piel de la

[4] La literatura "desarrollista" de América Latina es un ejemplo notable de las deformaciones apuntadas.

población.[5] Una corriente importante es la de corte pragmático que, por ejemplo, afirma que la existencia de empresarios capitalistas es vital para el funcionamiento del capitalismo. De aquí la necesidad de incentivos sociales para su surgimiento, tales como la posibilidad de satisfacer el afán de lucro y el dar facilidades para que tenga lugar la concentración de capital.[6] Uno de los medios para lograr esa concentración del ingreso es la innovación tecnológica en el modelo de mayor abolengo. Otro es la inflación, que proponen numerosos latinoamericanos ilustrados.

La distribución del ingreso ha sido otro tema incorporado a la discusión en torno al desarrollo. En la literatura clásica tiene un lugar de relevancia: en Smith y en Ricardo, así como en Marx y en Pareto, entre muchos otros. En Keynes, las exigencias de establecer un equilibrio dinámico acentúan la importancia de la demanda efectiva y, por lo mismo, se coloca en primer plano el nivel del ingreso, e implícitamente, su distribución. El problema de la política del crecimiento capitalista consistiría en lograr la expansión permanente dentro del estrecho margen delimitado por la necesidad de acumulación de capital y por la ampliación del mercado. Para lograr el desarrollo habría de seguirse una política de distribución del ingreso que apoyase la dinámica de la demanda, si bien, al mismo tiempo, la operación capitalista se basa en la concentración del ingreso. El conflicto que plantea la elección entre estas proposiciones contradictorias aún no ha sido resuelto.

Se ha manejado también la hipótesis de que el desarrollo es un estadio de la evolución de cada sociedad, en cuyo pasado se encuentra incluida, en alguna

[5] Véase, por ejemplo, la explicación del origen del capitalismo en razón del espíritu "fáustico" germano-judío y la referencia al protestantismo propuesta por W. Sombart en *El apogeo del capitalismo,* Fondo de Cultura Económica, México, 1946.

[6] Véase J. A. Schumpter, *The Theory of Economic Development,* Harvard University Press, 1951.

forma, la etapa del subdesarrollo. Una proposición sustenta que dicha evolución puede transformarse en un proceso acumulativo y automático una vez superado un nivel mínimo de expansión. Esta superación es susceptible de acelerarse, dice la teoría, al aplicar medidas orientadas a incrementar la eficiencia funcional de la economía. Una vez rebasado ese estadio mínimo, el proceso evolutivo habría de ser irreversible e inevitable, por lo que todos los países llegarían fatalmente a ser desarrollados, a condición de que observen con cuidado las normas apropiadas y de que tengan la suficiente paciencia para esperar el advenimiento de esa condición, sin perturbar el delicado mecanismo de su evolución.[7]

2. ELEMENTOS DE UNA DEFINICIÓN

Una vez enumerados ciertos aspectos relevantes del desarrollo y de las formas de medirlo, pasemos a expresar los elementos principales que debería incluir tal concepto y los medios para detectarlo y cuantificarlo.

Se acepta que el concepto de desarrollo económico implica un permanente proceso de cambio social, aun cuando existen marcadas diferencias de opinión en cuanto a la forma como se efectúa el mismo: gradualmente, suponen los reformistas, o a saltos, afirman los revolucionarios.

A partir de este sentido de constante movimiento que tiene el desarrollo, se podría calificar a una sociedad como altamente evolucionada, en la medida que pueda garantizar con efectividad una igualdad de oportunidad para todos sus ciudadanos en el curso de las diversas circunstancias de su evolución y en relación con las condiciones presentes en cada momento histórico, en materia de trabajo, consumo, educación, se-

[7] Véase W. W. Rostow, *Las etapas del desarrollo económico,* Fondo de Cultura Económica, México, 1961.

guridad social, vivienda y diversiones, entre otros aspectos.

Un punto de vista completamente diferente es el de considerar como criterio esencial de calificación del desarrollo de cada país, no solamente los avances materiales y sociales en relación a la organización existente para producirlos y utilizarlos, sino también las facilidades para resolver positivamente los obstáculos que surgen en el proceso de evolución social. Un planteamiento de este tenor tendría que hacer particular hincapié en la forma como se inician y en la manera como evolucionan los conflictos sociales en relación con las características funcionales de los sistemas en cuyo seno surgen. Todo ello tendría que ser ponderado por la forma y nivel de satisfacción material de las necesidades de la población. De acuerdo con este criterio, el desarrollo relativo de los países podrá ser detectado y cuantificado por una combinación de indicadores que permitan determinar las peculiaridades de su dinámica social y las características de la vida material de esa sociedad, los cuales habrán de aplicarse otorgando una elevada ponderación a los indicadores que califiquen las formas que observa el conflicto social, tanto en el período de su gestación como en las diversas etapas de su evolución.

El hincapié en los aspectos sociales del desarrollo y la proposición de que deben combinarse con indicaciones acerca del nivel de disponibilidad y acceso a satisfactores materiales, responde a la idea de que el desarrollo afecta y refleja todos los aspectos de la sociedad. Dentro de ésta, una de las cuestiones más importantes y más sensibles a los cambios es, tal vez, la de la dinámica del conflicto social, por lo que habría de utilizarse para descubrir las variaciones de diversas funciones internas. Dicha dinámica refleja, entre otras cuestiones, la eficiencia de la organización social en relación con los medios de solución, de contención, represión o sublimación de las fricciones asociadas al cambio. Al combinar indicadores del conflicto social con los relativos a satisfactores materiales, habría necesidad de tomar en consideración la importancia de las características culturales en la determinación de estos fenómenos.

En lo que se refiere a los satisfactores de las necesidades materiales, parece que van siendo menos importantes para el condicionamiento del comportamiento de los individuos, en la medida en que el nivel del consumo rebasa los requerimientos biológicos elementales, y a pesar de las eventuales explosiones de enajenación por ciertos consumos inducidos por el medio social (el segundo automóvil, el tercer televisor, etc.). Todo indica que la permanente expansión de la producción permitirá ir separando cada vez más a las sociedades de la cultura de la miseria, dejándolas por lo mismo plenamente expuestas a la evidencia de su enajenación múltiple y cambiante con relación a otros aspectos de la existencia. Por esta razón, el subdesarrollo irá dejando de mostrar partes de su miseria al aumentar la disponibilidad de satisfactores materiales y, en cambio, se evidenciará la verdadera esencia de su génesis y de su dinámica.

Es decir, el desarrollo, y por analogía el subdesarrollo, no es uno e indivisible, sino que, además de tener un carácter nacional específico, irá cambiando en función del acontecer social de cada época, y ello tendrá que reflejarse necesariamente en el sentido y contenido del término.

En la etapa actual del subdesarrollo, es necesario todavía hacer gran hincapié en los aspectos materiales del mismo por prevalecer la miseria en la mayoría de las sociedades atrasadas, a pesar de los notorios avances recientes de la producción, pero también habrá de incorporarse el concepto de dinámica del conflicto social, con una ponderación diferente al caso de sociedades desarrolladas.

Cuando se trata de calificar la situación que guardan los países subdesarrollados en relación al resto del mundo, surgen nuevos problemas de apreciación que requieren formas y métodos diferentes de examen, así como criterios apropiados de calificación. En estos casos es necesario detectar y hacer explícitas las nuevas categorías de análisis que correspondan a la hipótesis de que el atraso no necesariamente es la etapa previa al desarrollo. En esa línea de pensamiento, se propone de hecho precisamente lo contrario, o sea, que el subdesarrollo es la cara oscura, e inevitable hasta ahora, del crecimiento capitalista.

A reserva de elaborar más en torno a estas proposiciones en subsiguientes capítulos, es importante señalar que la definición del atraso incorpora la forma del vínculo de cada sociedad con el desarrollo capitalista. Por lo mismo, las categorías aplicadas para su análisis y las utilizadas para su calificación deben responder a una hipótesis central que propone la explicación del subdesarrollo asociado al período histórico de vigencia del capitalismo y, por tanto, dichas categorías habrán de ser diferentes a las que corresponden a otras hipótesis del funcionamiento social o a otras etapas de la historia de la humanidad.

Un problema peculiar de la definición y medida del subdesarrollo consiste en que, en años recientes, parece cambiar de carácter en razón de la dinámica del desarrollo del capitalismo. De esta forma puede señalarse que un aspecto, que cobra cada vez mayor importancia como medio de trasmisión de impulsos que favorecen el subdesarrollo, consiste en la vinculación creciente de estos países con el exterior.

En los años de la década de los cincuenta, el examen del crecimiento de los países atrasados se efectuó a partir de la relación comercial que guardaban con el exterior, incluyendo el análisis de las variaciones de las exportaciones e importaciones, de la relación de precios del intercambio, de la influencia de estos factores sobre el aparato productivo y sobre la demanda interna, de la posición económica de estratos sociales asociados al sector externo y la evolución de su poder económico y político, etc. Este tipo de análisis permitió establecer con eficacia la relación global del funcionamiento de la economía con otras áreas del fenómeno social y con las variaciones del sector externo. Se estima que este planteamiento, que fue la primera apertura coherente al diagnóstico del subdesarrollo, era un acercamiento a la explicación global del funcionamiento de las economías atrasadas, cuya validez estaba garantizada debido a que utilizaba una categoría adecuada —las relaciones externas— para emprender dicha explicación.

Sin embargo, al pretender profundizar el análisis a niveles más detallados, o al tratar de extender el examen a partes o aspectos de la sociedad ajenos al aparato exportador, era evidente la limitada aplicabilidad del esquema. Esto era aún más notorio cuando el período bajo estudio comprendía los años recientes de la historia de los países atrasados.

La ineficacia del esquema para examinar condiciones del crecimiento de los últimos años probó que debía ahondarse para solucionar la falta de especificidad y, por otra parte, que habría de adaptarse para incorporar el profundo cambio reciente en el funcionamiento de las sociedades atrasadas, asociado a la transformación de las relaciones internacionales. Entre los cambios más significativos resalta la importancia creciente de las corrientes financieras del exterior en la determinación de impulsos poderosos sobre las variables económicas y sociales internas. Por lo mismo, es necesario anexar indicadores adecuados que detecten los cambios de estas variables, con el fin de completar el sistema descriptivo y cuantificador del fenómeno social. La introducción de nuevas variables en el esquema requiere de la modificación de las ponderaciones atribuidas a las variables anteriores —a más de la eliminación de algunas de ellas—, de acuerdo con su importancia relativa.

Lo anterior implica una hipótesis diferente acerca del carácter que tiene actualmente la relación de cada economía subdesarrollada con el exterior. La expresión esquemática y sintetizada de esta nueva hipótesis puede tomar la forma de un indicador global, que en este caso podría consistir en la posición financiera *real* de la economía en relación con el exterior. Esta condición financiera *real* habría de medir las corrientes de valor que se establecen, tanto a través del intercambio comercial como por vía de los flujos financieros. La situación de acreedor o deudor neto *real* de cada país, ponderada por la dimensión de su economía (por ejemplo, en relación con el producto interno bruto y al tamaño de la población), al combinarse con otros indicadores de carácter económico y social, podría constituir una calificación del subdesarrollo. Esta forma de medición tendría la ventaja de reflejar el grado de evolución de las fuerzas productivas internas con relación a sus recursos y factores propios, con el grado de intensidad de su utilización y la dimensión de la demanda interna, todo ello respecto al desarrollo del resto del mundo.

La idea acerca de que el desarrollo y el subdesarrollo no son etapas de una secuencia histórica sino aspectos antitéticos del acontecer social y de que no se trata de una sucesión de estadios que la evolución de cada país habrá de recorrer, desvirtúa la homogeneización de conceptos económicos, sociales y culturales de las naciones que, implícitamente, contienen los esquemas tradicionales. El sistema de interdependencia de la dinámica del desarrollo, postulada por la dialéctica y que será elaborada en los siguientes capítulos, atribuye una gran importancia a la herencia cultural, social y económica de las sociedades. Estos sustratos, heredados de los acontecimientos del pasado, se combinarán con los nuevos impulsos de la dinámica social interna y con la influencia externa para determinar las condiciones del desarrollo en momentos históricos posteriores. De esta manera, las poderosas influencias externas iguales, ejercidas sobre diversas sociedades atrasadas, habrán de dar lugar a fenómenos característicos y específicos y no a la homogeneización que han esperado algunas escuelas de la teoría del cambio social.

III

METODOLOGÍA PARA LA INTERPRETACIÓN DEL SUBDESARROLLO

1. CONSIDERACIONES ACERCA DEL ANÁLISIS HISTÓRICO

El sistema de análisis que se aplica usualmente en la investigación económica utiliza una considerable diversidad de instrumentos que responden, en algunos casos, a interpretaciones globales de los fenómenos sociales y, en otros, son resultado de elaboraciones aisladas que se aplican a la solución de problemas específicos del funcionamiento de la economía o a la interpretación de algunas de sus partes. En ocasiones, los sistemas analíticos no tienen unidad conceptual ni homogeneidad, sino que son el conglomerado de técnicas e instrumentos diversos que en el mejor de los casos han sido adaptados a un esquema global.[1]

Con frecuencia, la adopción de medios de análisis está determinada por el tipo y cantidad de información disponible. Así, por ejemplo, es usual llevar a cabo comparaciones entre fenómenos utilizando la información y conclusiones de un caso real, conocido y estudiado en detalle, para atribuirlas temporalmente al fenómeno que se pretende estudiar y con el que guarda similitudes sustanciales. De esta manera, se dispone de una valiosa aproximación a la totalidad del problema, aun cuando sea artificial e inexacta. Después, las partes injertadas pueden sustituirse por los resultados de investigaciones específicas, en un proceso de aproxima-

[1] Un ejemplo de esta práctica se encuentra en el instrumental de la teoría neoclásica. Véase Paul A. Samuelson, *Curso de economía moderna,* Aguilar, Madrid, 1967.

ciones sucesivas. Este método de análisis preliminar, de gran utilidad para tener una imagen inicial que sirva de base para el diseño de la investigación detallada, puede, al mismo tiempo, ser el origen de errores de interpretación al aplicarse sin tomar en cuenta su artificio y derivar conclusiones extralógicas.

Todos los procedimientos de análisis aplicados en las ciencias sociales, al igual que en las demás ciencias, utilizan ampliamente y en forma combinada el método deductivo e inductivo como partes de un mismo acto desdoblado en el tiempo. La suposición de que el acto de la investigación opera dentro de una relación dialéctica que se establece entre sus rasgos genéricos y el resto de los acontecimientos sociales explica plenamente el proceso científico y ubica las fases deductivas e inductivas como partes de un sistema interdependiente de actos sucesivos. Es claro que si el examen del devenir científico se limita a la génesis y características de una acción en un lapso infinitamente pequeño dentro del proceso total, y suponemos que esa acción es todo el fenómeno del acto de investigar, cobrará relevancia el problema de la determinación de la hegemonía conceptual y funcional del método (inductivo o deductivo) en los acontecimientos científicos. Para nuestros fines supondremos que en todo proceso de investigación serán aplicadas ambas fases como partes consecuentes de la dinámica del conocimiento.[2]

Un valioso sistema de análisis ha sido desarrollado a partir del examen estático de los fenómenos sociales. El supuesto que lo fundamenta consiste en que la interdependencia de los componentes del fenómeno estudiado puede quedar en evidencia al efectuar un corte transversal de los acontecimientos. De esta manera, los principales factores que componen el fenómeno pueden ser detectados y establecerse las relaciones que

[2] Para este punto de vista, véase, por ejemplo, Karl R. Popper, *The logic of scientific discovery,* Science Editions, Nueva York, 1961.

guardan los mismos con los cambios observados en otras variables que también estén presentes en el momento de efectuar el corte. Con frecuencia sucede exactamente lo contrario, como en el caso de los fenómenos cíclicos que pueden aparecer en diversas etapas de su evolución en los diferentes cortes. Tal es el caso del intenso movimiento migratorio de braceros hacia los Estados Unidos que tuvo lugar en México en el curso de los años cincuenta y que, en cambio, fue de modesta magnitud en los años censales de 1950 y 1960.[3]

A cambio de estas limitaciones es posible efectuar algún acercamiento al conocimiento de la dinámica de los fenómenos al comparar los resultados de los análisis efectuados sobre cortes transversales correspondientes a instantes históricos diferentes, al menos en lo que se refiere a las variaciones de las principales categorías que son detectadas en todos los cortes, lo que le presta gran potencia al análisis.

El principal instrumento de investigación de las ciencias sociales es el análisis histórico. Mediante el estudio detallado de la evolución que han tenido los fenómenos a través del tiempo, es posible detectar las principales variables que han influido para imprimirle las características que tiene en la actualidad. Al mismo tiempo, este estudio revela la forma como las principales variables ponen en acción otros factores asociados a diferentes partes del fenómeno, dentro de un complejo sistema de interdependencia similar al que caracteriza el funcionamiento de la sociedad. De esta manera, se pueden identificar los principales factores determinantes del

[3] Una estimación del movimiento registrado y del ilegal hace llegar la cifra de trabajadores migratorios a un millón en 1953, cuando alcanza el máximo. Esta cifra representa el 11 por ciento de la fuerza de trabajo nacional de ese año y 20 por ciento de la población económicamente activa en los sectores agropecuarios. Véase Dirección General de Asuntos de Trabajadores Migratorios, Secretaría de Relaciones Exteriores.

fenómeno social y las relaciones más importantes que se establecen entre las variables más relevantes, las que deberán aislarse de los aspectos secundarios mediante un proceso de abstracción. Ello se facilita al ir retrocediendo en el tiempo para acercarse a la génesis histórica del fenómeno, ya que mediante este proceso analítico va poniéndose en evidencia la importancia relativa de las variables, y definiendo los aspectos que deben destacarse de la realidad para obtener un primer esquema simplificado de ésta.

En el diseño de una metodología para el estudio de los problemas sociales intervienen un conjunto de categorías que deben ser compatibles entre sí, lo que sólo es posible asegurar en el caso de que correspondan en sus partes y orientación a una hipótesis explícita del funcionamiento de la sociedad. El grado de complejidad de la hipótesis del funcionamiento social está relacionado con la potencia y profundidad de análisis de la metodología, en cuanto al detalle que puede estudiarse y al volumen de información que debe manipularse para ello. De aquí que, si se pretende disponer de un instrumental poderoso para la explicación global del fenómeno social y, además, de elementos adecuados para examinar aspectos específicos del mismo, la hipótesis del funcionamiento de la sociedad deba contener las categorías generales más importantes, así como las variables relevantes que correspondan al nivel de detalle que se pretende alcanzar. Dicho de otra manera, la complejidad del instrumental de análisis y de las correspondientes hipótesis de trabajo será mayor en la medida en que se procure un mayor acercamiento del esquema a la realidad. Así, la representación estática de la realidad, mediante un esquema que muestre su funcionamiento en un instante dado, resulta menos compleja que la representación dinámica del mismo, con referencia a igual nivel de detalle.

2. PROPOSICIÓN DE UN SISTEMA DE ANÁLISIS

El supuesto principal del funcionamiento social consiste en que cada acontecimiento en esta esfera es la resultante de la combinación de fuerzas internas y externas a la sociedad. Por lo tanto, debe proponerse una explicación acerca del origen que han tenido y la forma como han evolucionado las fuerzas internas, el tipo y calidad de variables que intervienen en el fenómeno, así como los factores principales externos que presionan sobre la dinámica de la sociedad bajo estudio. Además, debe explicar los mecanismos de interdependencia entre los fenómenos externos y los internos, definiendo, dentro de lo posible, los canales de trasmisión de los impulsos internos hacia afuera, así como de los externos hacia adentro. No menos importante es la determinación de la forma en que esos impulsos influyen en la dinámica del fenómeno social que se pretende comprender.

Para llevar a cabo esta labor se utilizan los elementos principales de modelos abstractos que pueden constituir la base del sistema descriptivo. El grado de detalle de la evaluación del funcionamiento social está en razón inversa a la facilidad de manipulación de los modelos, por lo que se parte del más simple y, posteriormente, va complicándose a medida que se introducen nuevas variables que eliminan simplificaciones y, por lo tanto, acercan más el modelo a la realidad.

El procedimiento consiste en hacer una proposición inicial extremadamente simplificada, en la que se mantienen constantes la inmensa mayoría de las variables, con el fin de poner en evidencia las particularidades más notables del fenómeno social, aun cuando se sabe y se acepta de antemano que el esquema que se obtenga resultará deformado por el procedimiento de simplificación aplicado. Las particularidades reveladas se toman como bases preliminares para el diseño del próximo esquema, con el que se aspira a lograr una mayor aproximación del modelo a la realidad. En este nuevo intento y en los siguientes, se eliminarán gradualmente algunas simplificaciones, añadiendo correlativamente nuevas hipótesis y variables dentro de las limitaciones que directa o indirectamente imponen el resto de las simplificaciones prevalecientes. Con este procedimiento, se irá acercando el modelo a la realidad y volviéndose, por lo mismo, cada vez más complejo, más detallado, y más difícil de manipular.

2.1. EL MODELO SIMPLIFICADO

La primera aproximación al problema consiste en suponer que el fenómeno social está aislado del resto del mundo. Además, se considera a la naturaleza como un elemento implícito en el modelo. En cambio, se examina el funcionamiento de las variables durante momentos diferentes: uno, en cuanto se refiere a acontecimientos que tienen lugar en el largo plazo y, otro, en lo que se refiere a efectos inmediatos. Es decir, se trata de un modelo dinámico, ya que la operación de las variables acumula transformaciones irreversibles a lo largo del tiempo y esas transformaciones, a su vez, inciden sobre la operación subsiguiente de las variables. Por otro lado, la mayoría de las variables sociales se mantienen constantes y, cuando más, sólo en unos cuantos casos especiales son mencionadas algunas de ellas e identificadas en cuanto a su ubicación, pero no en cuanto a su función.[4]

El modelo se refiere a un sistema social extremadamente simplificado, compuesto de tres partes claramente diferenciadas. La primera de ellas, llamada base o infraestructura económica, comprende principalmente la forma y condiciones en que operan las relaciones de producción y las características generales de esta función. Entre muchos otros componentes que forman

[4] El modelo simplificado corresponde a la sugerencia metodológica de O. Lange en *Economía política,* Fondo de Cultura Económica, México, 1967.

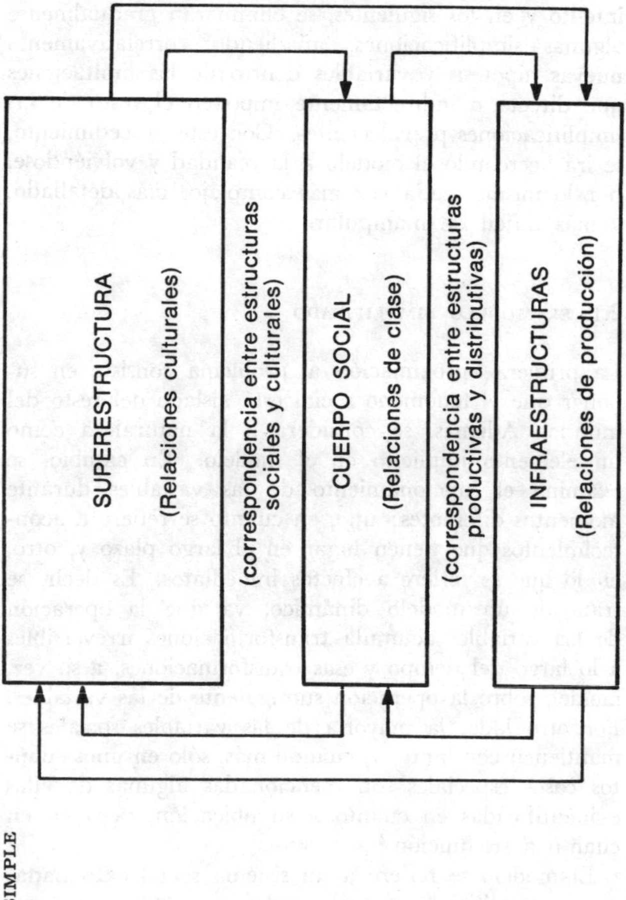

GRÁFICA 1. MODELO SIMPLE

parte de la infraestructura se encuentran el tipo de recursos naturales utilizados, la organización de la producción, las formas específicas en que se constituye y se utiliza el capital, las técnicas de producción aplicadas y la magnitud de los servicios (transporte, comercio, finanzas y otros), entre muchos aspectos más.

La infraestructura económica ejerce una influencia poderosa y permanente sobre los otros dos componentes del fenómeno social, determinando sus principales características. Sin embargo, como veremos más adelante, la influencia de la infraestructura es sólo una de las varias que operan, las cuales se transforman en diversos impulsos resultantes, de acuerdo con las peculiaridades de los dos componentes restantes del sistema social (véase la gráfica 1).

La parte central del esquema, o segundo componente del modelo, está constituido por el llamado cuerpo social que comprende las relaciones entre las clases sociales, la magnitud demográfica y sus pautas particulares de comportamiento económico —ingresos, consumo, ahorro, etc.—, los elementos de organización para la existencia de cada clase en cuanto a su forma de participación en la producción y a la defensa de sus intereses —organizaciones laborales, patronales, de consumidores—, así como los principales mecanismos de movilidad social, por ejemplo, el sistema de educación.

El cuerpo social se encuentra claramente asociado a la infraestructura económica, determinando ésta en gran medida los elementos que lo significan y las relaciones que se establecen entre ellos. Dicha influencia se ejerce en dos formas diferentes: una de largo plazo, que condiciona la existencia de los elementos constituyentes ya mencionados del cuerpo social —por ejemplo, la existencia de empresarios capitalistas condicionada a que prevalezca el capitalismo en esa sociedad—, que es la de más evidente factura. La otra es la que resulta de los violentos cambios que con frecuencia tienen lugar en la operación de infraestructura y que perturban profundamente el funcionamiento del cuerpo social.

Entre la infraestructura económica y el cuerpo social se establecen, además de los ya señalados, otros vínculos de necesaria equivalencia para que exista una armonía estructural. Entre ellos resalta la que se define como la correspondencia entre las estructuras productivas y las distributivas que están incluidas parcialmente en los dos elementos —infraestructura y cuerpo social—, hasta aquí discutidos. Esta correspondencia consiste, en su expresión económica más simple, en que las formas y nivel de producción deben estar en armonía con el nivel y distribución de la capacidad de compra existente entre las clases sociales, con el fin de que no surjan perturbaciones que tiendan a transformar las funciones de sus diversos componentes. En el aspecto sociológico, su expresión consiste en la necesaria armonía entre la posición de las clases sociales dentro de la estructura de la producción, con la situación de esas clases en la estructura del consumo, o lo que es equivalente, con la distribución del ingreso por clases. De lo anterior se deduce que las características de la propiedad, de las normas sociales prevalecientes, de la distribución del ingreso, de la organización productiva y de las estructuras del poder político, son algunas de las categorías de importancia vital para la preservación de la armonía y estabilidad del sistema social.

La falta de correspondencia será la expresión y el origen del conflicto social —ilustrado en el problema keynesiano por la demanda efectiva insuficiente o la desigualdad entre ahorro e inversión— que habrá de resolverse de acuerdo con las condiciones peculiares de esa sociedad, ya sea mediante ajustes parciales de orden económico —procesos inflacionarios, cambios en las funciones de producción o de consumo, etc.— o de orden social —migración, proletarización de la clase media, etc.— o ya sea mediante transformaciones de fondo de carácter estructural. Ello dependerá de la magnitud del desajuste y de la flexibilidad del sistema para responder positivamente a estas demandas. También en parte dependerá de que dicho ajuste sea efecto de soluciones aplicadas por los estratos dirigentes sobre un conglomerado social pasivo, o que esas transformaciones sean el resultado de acciones encabezadas por una clase social dentro de una atmósfera de cambio.

El tercer elemento del modelo está constituido por la llamada superestructura, que incluye aquellas variables que responden a las necesidades sociales y económicas de operación del conjunto del sistema, así como otras variables que surgen por efecto de su propia dinámica. Entre los componentes de la superestructura resaltan las respuestas institucionales a las exigencias de la sociedad para la operación de su economía y para establecer los mecanismos de regulación social, tales como las características de la administración pública, la forma que toma la organización y funcionamiento políticos, las normas de conducta contenidas en la legislación, el sistema eclesiástico, el contenido cultural y la orientación de la educación, las características del arte nacional, entre otros.

También de gran importancia para el funcionamiento del conjunto del sistema son los rasgos peculiares del carácter o de la psicología social, que en parte se expresan en los estereotipos de la comunidad, comprendidos en la superestructura como elemento condicionante de la dinámica cultural y como expresión de ésta. Entre estos componentes resaltan los ideales sociales prevalecientes y el sistema de valores vigente, por constituir elementos determinantes de las respuestas de la sociedad ante diversos incentivos. Igualmente es de subrayar la importancia que tiene el grado de correspondencia existente entre los factores culturales más significativos de la sociedad con las formas institucionales establecidas. En este caso, el igual que en la relación entre infraestructura y cuerpo social, la falta de correspondencia es motivo de conflictos sociales que pueden originarse en la base de la infraestructura, en el cuerpo social o en el nivel puramente superestructural, como, por ejemplo, en el ámbito político. También deben prevalecer relaciones coherentes entre la superestructura y la infraestructura para mantener el equilibrio funcional, ya que su deficiencia es fuente de perturbaciones que eventualmente darán lugar al conflicto social.

La relación más claramente definida entre la superestructura y los otros componentes del modelo es la que se establece con el cuerpo social. En efecto, las principales peculiaridades de las variables culturales se asocian directamente con algunas partes del cuerpo social y en gran medida responden a los requerimientos que plantea su funcionamiento, dando lugar a consecuencias tales como el que se atribuya una gran autonomía a los factores culturales con respecto a la infraestructura económica. Utilizando el mismo procedimiento que se aplicó para analizar el funcionamiento de los dos primeros componentes del fenómeno social, habremos de examinar la influencia de largo y de corto plazo que ejercen esos dos componentes sobre la superestructura.

El primer examen trata de identificar el tipo de influencia que ejerce la infraestructura sobre la superestructura. El segundo comprende el juego de interdependencias que tienen lugar en el corto plazo, las cuales operan principalmente en sentido inverso a la influencia anterior y que se establecen más intensamente entre el cuerpo social y la superestructura (véase de nuevo la gráfica 1).

En efecto, al considerar la acumulación de impulsos en el largo plazo se pone en evidencia la influencia directa que ejerce la infraestructura sobre la conformación de la superestructura, así como la que indirectamente ejerce a través de la del cuerpo social cuyas particularidades responden con gran fidelidad a las peculiaridades de la infraestructura económica. Un ejemplo de ello es el surgimiento de normas aristocráticas en las sociedades que operan dentro de sistemas de producción agrícola extensiva organizada en latifundios. A este sistema corresponde una relación peculiar entre las clases sociales que requiere —y alimenta— la organización de la sociedad con una marcada concentración del poder económico y político en manos de un reducido grupo, así como a una forma específica de la propiedad de la tierra. Si a estos ingredientes se añade la marcada regularidad que caracteriza a la producción agrícola de tipo extensivo y el aislamiento de las zonas donde generalmente se practica, se explica la menor incidencia de conflictos sociales, la reducida coherencia de éstos y, por lo mismo, la mayor facilidad con la que la escasa población local acepta las tendencias hacia las formas aristocráticas de organización.

En la operación cotidiana de la sociedad, a diferencia de lo que sucede en el largo plazo, sólo se evidencia la influencia de la esfera económica en los momentos en que tiene lugar un viraje marcado en las tendencias seculares. Así sucedió, por ejemplo, con el desastre de las exportaciones de pigmentos naturales a fines del siglo pasado (cochinilla de Oaxaca, grana y añil), al ser sustituidas con ventaja por los colorantes químicos artificiales.[5] Con ello, se eliminaron de golpe la producción altamente especializada que había generado un crecimiento económico de importancia en la región, los factores determinantes del proceso de estratificación social en torno a estas actividades, la organización mercantil de corte capitalista para comercializar estos bienes, la organización servil de la mano de obra para producirlo y los elementos de la administración pública para asistir al funcionamiento de todo este aparato productivo, así como toda una cultura asociada a estas normas de organización.

Las instituciones creadas con motivo de esta explotación, incluyendo reglamentos, fiestas religiosas, estructuras del poder político y otras más, de pronto queda-

[5] En 1857 Perkin inventó en Inglaterra los colorantes artificiales. Pocos años más tarde empezó a contraerse la exportación de grana de América. En México, la exportación de este producto, originario de Oaxaca, pasó de 10 000 quintales en 1870 a menos de 200 en 1883. Véase *Memoria de Fomento 1883-85*.

ron reducidas a formas sin contenido al desaparecer bruscamente los mercados de tintes naturales que habían dado lugar a esta actividad y al correspondiente desarrollo de la sociedad. Al anularse la razón de su existencia, la mayoría de las estructuras productivas, sociales y culturales declinaron y acabaron también por desaparecer, prevaleciendo solamente aquellos rasgos culturales que no eran incompatibles con las nuevas actividades económicas.

Para la operación del modelo simplificado se parte de que es posible distinguir los tres componentes propuestos. La infraestructura económica ejerce una poderosa influencia en la determinación de las características con las que surgen los principales elementos y formas de funcionamiento del cuerpo social y de la superestructura. A su vez, el cuerpo social condiciona la presencia de factores constituyentes de la superestructura y de sus normas de operación, que dan lugar a la creación de códigos, regulaciones y expresiones culturales diversas. Sin embargo, el cuerpo social y la superestructura también contienen elementos con una dinámica propia y un cierto grado de autonomía, la cual varía de acuerdo con el grado de complejidad de la interdependencia con la que funciona el conjunto social. Esta autonomía tiende a incrementarse en los períodos de expansión económica, debido a la permanente afluencia de impulsos de igual orientación que emite la infraestructura, así como a la producción de satisfactores materiales que aseguran la operación armónica de las funciones vitales del consumo. Una vez reducida a un mínimo la variación del factor perturbador principal —las necesidades materiales—, algunas variables del cuerpo social y de la superestructura cobran importancia tal, que en ocasiones llegan a ser las determinantes de la dinámica social durante cortos períodos.

La primera fase o momento de operación del modelo lo constituye la influencia que ejercen las variaciones de la infraestructura sobre el resto del edificio social, así como la del cuerpo social sobre la superestructura, influencias que se evidencian en la operación de los mecanismos de trasmisión de impulsos entre los componentes del modelo. En efecto, los cambios en las formas de producción se trasmiten al seno del cuerpo social, modificando la estratificación y las relaciones entre las clases, así como a la superestructura, donde transforman las pautas culturales. Además, dichos cambios influyen en la dinámica de la propia infraestructura cuando inciden sobre las funciones que constituyen los canales de trasmisión de esos impulsos.

Los canales antes mencionados se han ido formando a través de la acumulación de acciones y de transformaciones en el pasado. Es decir, los medios de trasmisión de impulsos no son estáticos, sino que también sufren modificaciones que pueden ser acumulativas, temporales, irreversibles, etc. Así, la historia del fenómeno social va condicionando respuestas y adaptaciones del conjunto del sistema de interdependencias, renovando la forma de absorción de influencias del sustrato económico y de las relaciones de clase, al modificarse las diversas vías de paso de los impulsos. En la misma forma, al tener lugar cambios que han sido inducidos por los acontecimientos de la infraestructura, o por ser propios del cuerpo social y de la superestructura, se crean antecedentes de futuras reacciones que van a modificar, condicionar, y en algunos casos a determinar, las pautas de evolución futura.

La segunda parte, fase o momento de la operación del modelo está constituida por la influencia que, en sentido inverso, ejercen respectivamente los factores de la superestructura y del cuerpo social sobre el resto de los componentes. En efecto, al conjunto de interdependencias que se establecen a partir de la poderosa influencia que ejercen los factores económicos sobre todas las variables del modelo, se añaden las constituidas por las corrientes de influencia en sentido contrario.

Con el fin de disponer de un sistema general de referencia para evaluar el nuevo conjunto de relaciones que están asociadas a esta segunda fase del modelo, es conveniente examinar la forma como se considera al tiempo.

A diferencia con la primera fase, en esta segunda tienen principal relevancia los acontecimientos inmediatos o de corto plazo, que provienen de la importancia que tienen los cambios de las variables de la superestructura sobre la operación del cuerpo social, y las de estos dos componentes sobre la evolución de la infraestructura. En esta fase es posible detectar, por ejemplo, la influencia que ejercen los factores culturales, psicológicos e institucionales, sobre la dinámica de las relaciones de clases y sobre las relaciones de producción.

· La observación detallada de algunas de las relaciones que se pretende detectar muestra que se trata de dos tipos diferentes de interdependencias.

Un grupo de interdependencias constituye el sistema de canales a través de los cuales se trasmiten los impulsos entre los componentes de la sociedad. Tal sistema está formado por los medios de absorción y de traducción de los factores de influencia del exterior de cada componente, cuyas características han ido conformándose a medida que tiene lugar la acumulación de experiencias en el pasado.

Existe otro grupo de interdependencias que está constituido por los mecanismos institucionales determinados por las atribuciones y limitaciones socialmente otorgadas a esas instituciones, las cuales condicionan y explican el comportamiento de variables propias del cuerpo social, las que, a su vez, modifican o influyen en cierta medida sobre la evolución de la infraestructura.

Así por ejemplo, una modificación de la legislación vigente, debida a la necesidad de introducir adaptaciones por exigencias de funciones ajenas a la operación de la infraestructura, puede llegar a afectar a ésta. Tal es el caso en la mayoría de los países de América Latina, donde las iniciativas para crear aparatos institucionales destinados a la aplicación de ensayos formales de reformas agrarias pueden también desencadenar procesos de dinámica social que en el futuro impongan presiones e inicien acciones para efectuar una verdadera transformación de la infraestructura.

Los ingredientes subjetivos del acontecer social encuentran su ámbito propicio de expresión en este segundo momento del funcionamiento del modelo. Por ejemplo, es posible que el fundamento principal del conflicto social que se fue acumulando en México desde el siglo pasado y que se resolvió mediante la Revolución en los principios del actual, se encuentre en la incapacidad del sistema económico para satisfacer las exigencias de consumo y de ocupación de la población. Ahora bien, este factor se sublimó de alguna manera en ideales y valores que, al combinarse con intereses de diversa índole, dieron lugar a acciones políticas para el rompimiento de las estructuras existentes. La ruptura de la superestructura abrió la posibilidad de acción a fuerzas sociales que se habían agrupado en torno a un profundo deseo de cambio, las cuales se orientaron a la modificación de la infraestructura económica. Esa modificación comprendió desde las formas de producción y de apropiación del excedente creado hasta la organización de elementos para la operación de las unidades productivas dentro de la nueva pauta, tales como el sistema bancario y las instituciones de la administración pública.

A esos cambios de la infraestructura correspondieron modificaciones del cuerpo social, que en algunos casos fueron el resultado de fricciones y choques del pasado y, en otros más, causaron nuevos conflictos, algunos de los cuales prevalecen hasta la fecha. También correspondieron grandes cambios en la superestructura en cuanto se refiere a los valores sociales prevalecientes, a las normas jurídicas de organización y a las aspiraciones de los habitantes, todo lo cual ha influido poderosamente en la evolución posterior del país.

En el ejemplo anterior se ilustra la importancia de la segunda fase del modelo social, pero debe considerarse que no sólo opera en casos tan dramáticos como el de una revolución, sino también en el ámbito de acontecimientos cotidianos más comunes.

Aun cuando se trata del modelo simplificado, que es menos propicio que las dos siguientes versiones para manejar aspectos detallados del problema del subdesarrollo, es posible determinar algunos de los factores principales que lo caracterizan. Entre ellos, es importante destacar los que tendrían que considerarse como elementos constituyentes de la política de transformación social —como objetivos, metas, instrumentos o simples indicadores— correspondiente a la estrategia de desarrollo que haya sido elegida.

Se puede observar, en el modelo simplificado, que para lograr una transformación profunda de la sociedad es necesario modificar la infraestructura económica y ayudar también, en lo posible, a que armoniosamente tengan efecto los cambios necesarios en el cuerpo social y en la superestructura para que prevalezca la adecuada correspondencia funcional. Sin embargo, también se evidencia que esta transformación, que habría de garantizar la dinámica de una evolución armoniosa en la dirección deseable, sólo puede tener lugar en la medida que se introduzcan todos los cambios necesarios para este objeto en la esfera correspondiente a la segunda fase del modelo.

En efecto, para llevar a cabo modificaciones radicales en la infraestructura, es necesario crear una atmósfera propicia al surgimiento de los valores y actitudes apropiadas para romper las barreras institucionales y transformarlas mediante una movilización social masiva, que generalmente habrá de afectar y de modificar la estratificación social. Las fuerzas políticas se encaminan, de esta forma, a la transformación de la base económica en su etapa de construcción, así como a sostener el formidable esfuerzo social requerido para estas finalidades, que actuará principalmente sobre las variables correspondientes a la segunda fase del modelo.

Es interesante señalar que el modelo pone en evidencia las áreas sensibles que deben ser objeto de la acción de corto y largo plazo para poner en marcha modificaciones del conjunto del sistema, con el fin de que el cambio iniciado tenga efectos de fondo y, por lo tanto, permanentes.[6]

De la aplicación del modelo se deriva que las transformaciones comprendidas en la primera fase, o sea la que se refiere a cambios en los elementos estructurales, es preocupación de la estrategia del desarrollo. En cambio, las acciones de corto plazo, dedicadas principalmente a operar sobre acontecimientos coyunturales, se localizan dentro de la esfera de la segunda fase del modelo, que responde a interrogantes acerca de la táctica del desarrollo. A este respecto, se postula el principio de que la armonía entre estrategia y táctica, entre cambios de fondo y coyunturales, entre modificaciones estructurales y política de corto plazo e, incluso, entre las metodologías de análisis de cada fase, sólo es posible de lograr en la medida en que esa armonía se derive del uso de hipótesis sociales integrales y de un modelo que comprenda, simultáneamente, los dos aspectos o fases.

2.2. EL MODELO DINÁMICO

A diferencia del modelo simple, la presente versión toma en cuenta, en forma explícita, la naturaleza y las fuerzas productivas como elementos autónomos de la infraestructura. Además, se examina la evolución del conjunto de la sociedad a partir de las dos fases propuestas en el modelo simple, pero se prolonga su operación a través del tiempo lo que permite estudiar las interdependencias que se establecen en el largo plazo relativas a momentos históricos sucesivos.

En primer lugar, deben considerarse los resultados

[6] Considérese en este contexto los "cambios de estructuras" que proclaman políticos e instituciones cuya misión es evitar transformaciones radicales. El caso reciente más evidente se encuentra en los propósitos y medios de aplicación de la Alianza para el Progreso.

preliminares que se obtienen al introducir en el modelo simplificado la separación explícita de la naturaleza con respecto al resto de la infraestructura. Considerada en términos de las condiciones físicas, de clima y de recursos existentes, es evidente que estas variables tienen una reducida posibilidad de modificación en el plazo corto y mediano. En cambio, a largo plazo la transformación de la naturaleza es una meta importante y por lo mismo, motivo de acciones específicas dentro de una política de desarrollo (véase la gráfica 2).

Una ventaja importante que se obtiene al separar la naturaleza del resto de las variables de la infraestructura consiste en que se puede poner claramente en evidencia la relación entre el medio físico, la dimensión de la población, la tecnología disponible y la tendencia general a la expansión de las fuerzas productivas. Esto es particularmente valioso para el diseño de la política de desarrollo en países atrasados, ya que sus economías, a diferencia de las adelantadas, guardan mayor dependencia de los recursos naturales estratégicos (petróleo en Perú, minerales en Bolivia, etc.).

La consecuencia de la expansión de las fuerzas productivas es susceptible de observarse con mayor facilidad mediante el modelo en discusión, lo cual permite efectuar la evaluación de algunas ideas de política económica relacionadas con estos aspectos. Así, por ejemplo, las proposiciones que involucran a las variables demográficas en alguna forma, pueden apreciarse adecuadamente al tomar en cuenta la importancia de la magnitud de la población en el contexto de un medio físico determinado y en relación con las características de los sistemas establecidos de organización social para la producción de valor y para su uso.

Debe notarse que en este modelo se evidencian algunos otros juegos de interdependencia al diferenciar la naturaleza y las fuerzas productivas con respecto a la infraestructura. Esto es fácil de apreciar cuando se observa la evolución de todo el modelo en el curso de dos momentos históricos diferentes.

La estabilidad y constancia de las características de la naturaleza se matizan con la acción transformadora directa que ejecuta la infraestructura a través de un lento proceso de modificación del medio. En cambio, las fuerzas productivas, que al igual que la naturaleza ejercen una influencia permanente sobre el funcionamiento de la infraestructura, están sujetas en su evolución a una diversidad de condiciones y restricciones.

Por un lado, la propia naturaleza determina en parte la expansión de las fuerzas productivas, en cuanto a la dimensión demográfica de la fuerza de trabajo, sus características físicas, estructura de edades, etc. Este acondicionamiento disminuye en la medida que dichas fuerzas productivas transforman partes del medio ambiente y a la naturaleza en su conjunto.

Por otro lado, una infraestructura dada impone exigencias acerca de la distribución de las fuerzas productivas por sectores de actividad, del grado y forma de especialización del trabajo y de la distribución geográfica de la población activa, entre otros aspectos, mientras no sea transformada mediante la modificación del medio y de las formas de producción.

También de indudable importancia es la interdependencia que se establece entre las fuerzas productivas y el resto del edificio social y sobre todo, con el cuerpo intermedio. Resalta por su importancia la que se establece entre la dimensión demográfica de cada clase social y la forma y contenido que toma la lucha de clases.

Un ejemplo de la influencia que a su vez ejercen las variables del cuerpo social sobre las fuerzas productivas está constituido por la capacitación de la mano de obra. Las instituciones educativas, con una orientación y contenido específico de la enseñanza que se deriva de los valores culturales prevalecientes, se dedican a modificar la capacidad productiva de la población —sin olvidar los objetivos culturales de la enseñanza— a través de elevar el conocimiento general, y de contribuir a la especialización. Con la acción en las dos direcciones principales —capacitación y cambio cultural— el instrumento educativo, que es parte del componente que hemos llamado el cuerpo social, influye, por lo menos, sobre dos aspectos importantes de la evolución de las fuerzas productivas: la capacidad de producción y las variables demográficas (natalidad, morbilidad, etc.).

Un aspecto de importancia, que resalta mediante la separación de las fuerzas productivas con respecto al conjunto de la infraestructura económica, consiste en el amplio significado que cobra la exigencia de que exista una correspondencia permanente entre las estructuras productivas y las distributivas de la sociedad. En efecto, las estructuras productivas operan en función de la participación de los factores productivos en la creación del valor y ello determina su participación en la distribución del valor, o sea su capacidad de gasto. De aquí la necesidad funcional de que exista una estrecha correspondencia entre los fenómenos de creación y de uso del valor.

En el modelo puede ilustrarse la forma en que operan las fuerzas productivas para la satisfacción de esa condición, en tanto que en el cuerpo social están comprendidas la dinámica de las clases sociales y las relaciones de organización, entre otras, que constituyen el resto de los componentes que influirán en la viabilidad de esa correspondencia. Vista en otra forma, la relación necesaria entre la estructura productiva y la distributiva significa la exigencia de establecer una armonía dinámica entre el volumen y tipo de productos que se elaboran y la magnitud y composición de la demanda real de la sociedad.

En la parte correspondiente a la estructura productiva influyen sobre esa relación las formas de producción prevalecientes, sobre todo a través de la posición que guardan los factores de la producción dentro del aparato económico. Esta posición se traduce, monetariamente, en términos de la participación que tienen dichos factores en el ingreso nacional. Por este medio queda determinada la posibilidad de adquisición de bienes que tiene cada estrato social y la población como conjunto.

La estructura distributiva del ingreso debería corresponder a la capacidad de compra y de ahorro necesaria para mantener la estabilidad del sistema. A su vez, esa capacidad adquisitiva representa la demanda que habría de ser cuantitativa y cualitativamente idéntica a la oferta, para que los procesos de producción y consumo, las funciones de ahorro e inversión, así como las correspondientes expresiones sociales, puedan efectuarse sin obstáculos.

Sin embargo, existen múltiples factores que pueden interferir en dicha correspondencia y perturbar parte o todo el esquema productivo y social. Algunos de esos factores consisten en la diferencia de elementos de juicio y criterios que privan en los entes que toman las decisiones respectivas de consumir y producir bienes, de ahorrar y de invertir.

Otro factor perturbador consiste en el lapso que transcurre entre el momento en que se toma la decisión de invertir y el de su ejecución, o sea el momento en que efectivamente aumenta el acervo de capital físico. Esto se ilustra con claridad al comparar la forma como se efectúa la decisión para llevar a cabo el consumo y el efecto inmediato que tiene en la esfera económica, a diferencia de la decisión de inversión —influida en parte por las normas del consumo—, cuyo efecto inmediato consiste en movilizar factores de la producción para realizarse, pero que en cambio toma largo tiempo hasta que se materializa en la existencia de bienes de capital susceptibles de utilizarse para producir bienes o servicios adicionales. Ello supone la existencia de capacidad de adquisición en manos de los factores de la producción en la etapa de inversión, sin que corresponda una existencia equivalente de bienes adicionales.

No menos importante como elemento perturbador de la correspondencia entre estructuras productivas y distributivas, es el que la preponderancia de las ventajas individuales del empresario prevalezca como criterio de funcionamiento del sistema social, por encima de la necesidad de que la demanda total se mantenga en

GRÁFICA 2. MODELO DINÁMICO

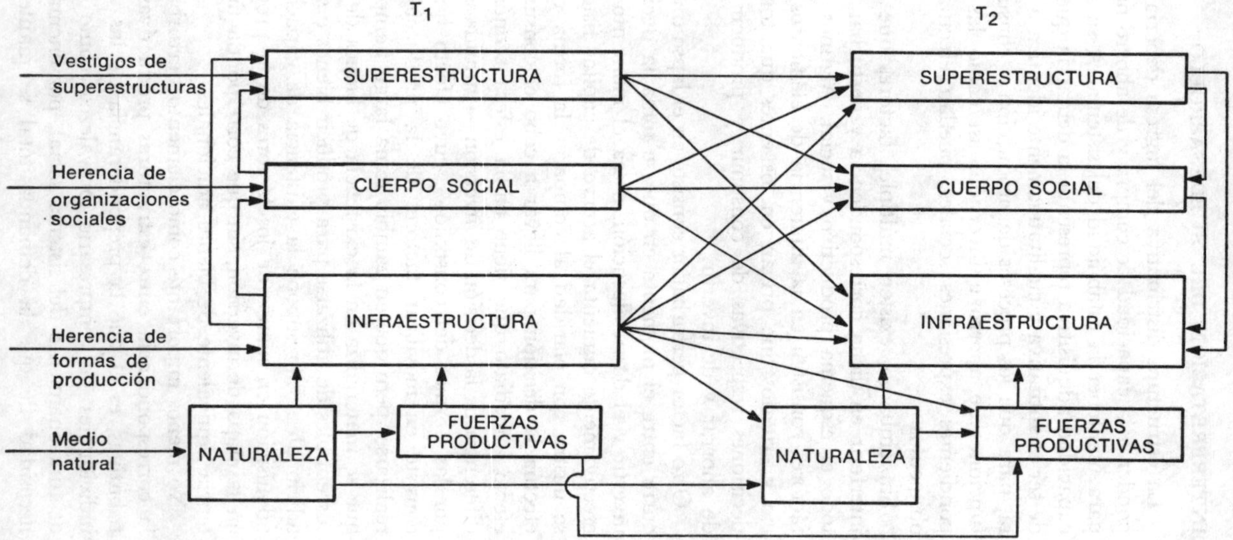

permanente crecimiento. Este mecanismo sería óptimo en el caso de que se lograse una distribución del ingreso —y por tanto de capacidad de compra o demanda total— lo más elevada posible y acorde con las exigencias de consumo de cada clase social. Sin embargo, ello está impedido por definición, ante la vigencia del interés de lucro de productores individuales y la correspondiente concentración del ingreso.

En general, la falta de correspondencia entre las estructuras productoras y distributivas es la fuente más frecuente de crisis del sistema capitalista. A ello se debe que las extraordinarias innovaciones contenidas en las proposiciones de la economía keynesiana centren su esfuerzo en explicar las desviaciones de esa correspondencia y en proponer un sistema de control de algunas variables —sobre todo del gasto— que permita mantener esos márgenes de desviación dentro de límites reducidos, para lo cual se aplican medidas para la manipulación del nivel de la demanda. El problema parece residir en que esa correspondencia sólo se alcanza al manipular más variables que las permisibles dentro del sistema capitalista, y manejarlas en una forma que desvirtuaría la razón de la producción privada.

La ubicación de los factores de la producción en el sistema económico —trabajo, capital y recursos naturales—, combinados de acuerdo con una tecnología específica, determina las relaciones entre las clases sociales y su participación en el ingreso. También esta ubicación es el principal elemento explicativo de la forma en que surge el excedente económico y en que se utiliza para fines de consumo e inversión por parte de los diversos estratos sociales y de los varios sectores de actividad económica. A la operación sin tropiezos de estas funciones debería corresponder el uso del ingreso en forma de ahorro y de gastos de consumo, de tal manera que respondiese a deseos de la población y a la disponibilidad de bienes. Sin embargo, el comportamiento de estas variables depende de otros factores, algunos de los cuales operan en forma tal que resultan incompatibles con la forma que habría de requerir la armonía de esas funciones. Un ejemplo de esta incompatibilidad consiste en el nivel del ingreso y su forma de distribución en las economías atrasadas —que limita el mercado interno— y la necesidad de ampliar la demanda para sustentar la expansión de la producción.[7]

En el modelo dinámico se considera a la superestructura de la sociedad en igual forma como se hizo en el caso del modelo simplificado. Las diferencias no residen en el concepto de lo que constituye este componente o la forma como opera, sino exclusivamente en el tipo de variables que deben hacerse explícitas debido a las exigencias que plantea la operación de los otros componentes. También difiere en cuanto a las respuestas peculiares que pueden detectarse, al tomar un período más amplio de operación en el presente modelo con respecto al anterior.

Al igual que en el modelo simplificado, la operación del dinámico toma en consideración dos fases que determinan conjuntos diferentes de interdependencias. Un lapso amplio permite poner en evidencia algunos elementos adicionales de análisis, enriqueciendo y potencializando al modelo en su posibilidad de uso para fines de interpretación de una realidad social determinada.

El conjunto de interdependencias que forma la primera fase del modelo supone que la infraestructura económica, en la que hemos distinguido como elementos explícitos a la naturaleza, a las fuerzas productivas y a las relaciones de producción, determina la existencia de las principales características del resto del edificio social, incluyendo la superestructura. También se considera la existencia del complejo sistema de relaciones que constituyen la segunda fase y que contiene todas las características de funcionamiento social ya comen-

[7] Un notable ejemplo de la concentración del ingreso en una economía atrasada está constituido por el caso de México, donde sólo el 31 por ciento del ingreso tenía la forma de sueldos y salarios en 1967 (Banco de México, *Cuentas nacionales y acervos de capital,* 1969).

tadas, así como algunas variables que pueden guardar una apariencia de autonomía en ciertos períodos peculiares.

Algunas de estas variables aparentemente autónomas cobran relieve en etapas de estabilidad en la evolución del fenómeno social; otras más operan dentro de tendencias ajenas a los acontecimientos inmediatos y mediatos. Sin embargo, en algunos casos se pueden detectar los vínculos de estas variables con resultantes de la operación combinada de otros factores —sobre todo de orden superestructural— y de la herencia de rasgos y pautas de comportamiento de épocas anteriores. Un campo en el que es frecuente la presencia de este tipo de variables es el de la creación artística, donde parecen influir poderosamente las transformaciones acumulativas de orden cultural que auspician la existencia de una relativa autonomía con respecto a los acontecimientos cotidianos, siempre y cuando éstos no cambien violentamente. Otro caso parecido consiste en la influencia que ejercen estereotipos sociales en las pautas de consumo y en la conducta de individuos y de sectores sociales. Estos y muchos otros casos encuentran su explicación en la existencia de ese margen de autonomía de algunas variables en circunstancias peculiares.

Al considerar un período suficientemente amplio para que tenga lugar la acumulación de efectos de los acontecimientos sociales, se detectan algunos aspectos adicionales a los comprendidos en el modelo simplificado. En éste, decíamos, una gran parte de la complejidad del fenómeno social encuentra su explicación en el hecho de que las variables de la segunda fase condicionan la operación de la primera fase del siguiente momento. Un ejemplo ilustrativo consiste en la orientación que imprimen las aspiraciones culturales y económicas de la clase media en la oferta de su trabajo, a pesar de que pueden existir mejores oportunidades en otras actividades —caso frecuente en América Latina—, con lo que se introduce una condicionante en la distribución de las fuerzas productivas de ese estrato medio y en la conformación de las relaciones de producción, en los períodos posteriores.

Un aspecto de gran trascendencia para completar la explicación del comportamiento social consiste en detectar las herencias y resabios que dejan impresos los acontecimientos pasados en el edificio social y que se han mencionado brevemente en párrafos anteriores. Es importante resaltar la influencia de los vestigios que van quedando, sobre todo en la superestructura, y que son producto de antiguas formaciones sociales que correspondían a momentos históricos pasados y a relaciones de producción ya superadas (véase la gráfica 2).

La presencia de estos vestigios da base a la influencia de factores que no corresponden a las condiciones existentes en ese momento, y que sin embargo inducen comportamientos peculiares de otras variables asociadas. En ocasiones este fenómeno puede dar lugar a que se atribuyan relaciones funcionales erróneas entre estas variables y factores explicativos diversos. En frecuente que se atribuya a la naturaleza humana, o a la divinidad, la existencia de rasgos característicos que son herencia de fenómenos anteriores y que con frecuencia inducen comportamientos y evoluciones imprevistas.

El sentido y concepto de libertad es un aspecto particularmente afectado por la herencia de vestigios ancestrales. La vigencia de algunas limitaciones actuales a la práctica de la libertad individual, que no difieren mucho de algunas de las restricciones del pasado, se toman como parte de la naturaleza de la libertad sin ponerlas en duda. Al mismo tiempo se asocia en gran parte con los sistemas actuales de negociación entre los factores de la producción, determinados a su vez por su asignación en las relaciones de producción. Las prácticas de negociación social heredadas del pasado pueden constituir factores de perturbación en el funcionamiento del capitalismo actual, en vista de que en gran medida corresponden a las pautas de ordenamiento que eran vigentes en épocas pretéritas, mas no a las presentes. En efecto, en la etapa de expansión capitalista e industrial en Europa en el siglo XIX, cuando el continente disponía de mercados nacionales y coloniales asegurados y usualmente exclusivos, cuando las condiciones de asignación de recursos incluían menos resistencias sociales a la práctica empresarial, corresponde el surgimiento del cuerpo de teorías y de la práctica liberal que en gran medida continúa rigiendo los mecanismos de relación entre las clases sociales.

De esta manera, un conjunto de variables y fenómenos encuentran su explicación por el vestigio de formaciones sociales correspondientes a estadios anteriores de la evolución social. La presencia de estos rasgos provoca impulsos y condiciona funciones en componentes del cuerpo social o de la superestructura, que pueden ser de gran importancia para el desarrollo de la sociedad y pueden parecer autónomos con respecto a los acontecimientos del momento. Además de explicar parte de las diferencias que surgen entre diversas sociedades sujetas a impulsos externos e internos similares, esta adición amplía considerablemente la latitud de aplicación del modelo. Así, por ejemplo, este nuevo elemento permite incluir consideraciones acerca de la influencia en América Latina del pasado prehispánico y colonial que se expresa en los acontecimientos económicos, políticos y culturales de la actualidad, así como en el carácter de las nacionalidades y, por lo tanto, en la forma de reaccionar ante diversos incentivos y presiones.

El uso del modelo dinámico para el estudio de dos momentos históricos separados en el tiempo permite una mayor aproximación a la evolución de los fenómenos que los métodos estáticos tradicionales. En efecto, aun en el caso de examinarse una circunstancia histórica específica, la utilización del modelo implica un planteamiento que parte del análisis de la dinámica social y culmina en el estudio de las particularidades actuales, por lo que se le incorpora una perspectiva amplia de los fenómenos.

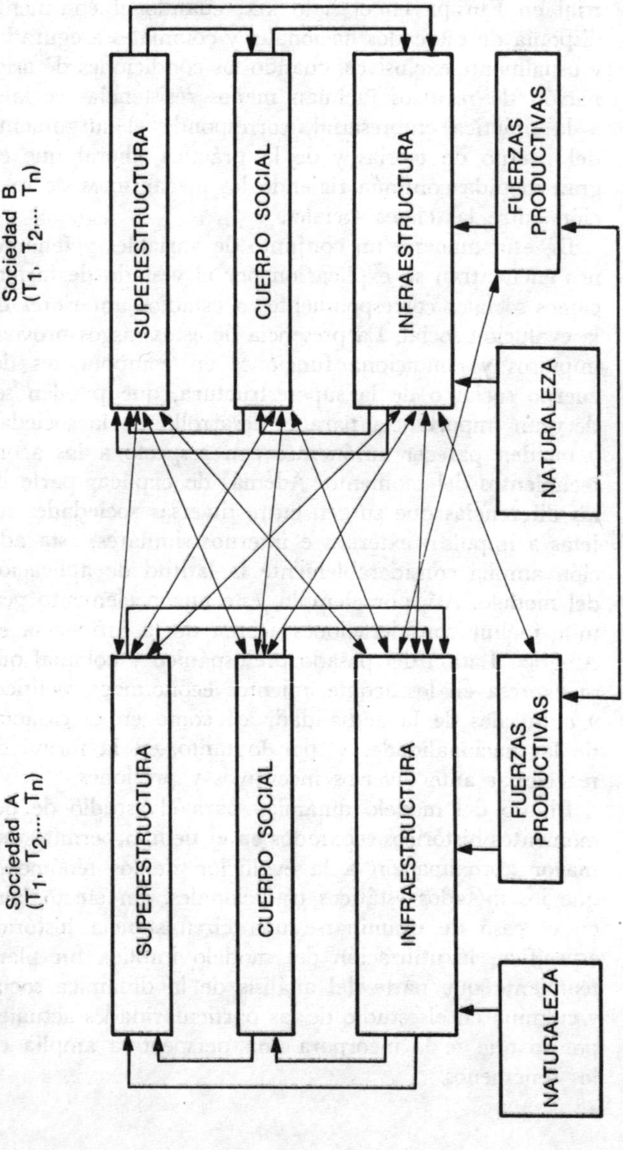

GRÁFICA 3. MODELO ABIERTO

2.3. EL MODELO ABIERTO

Aun cuando se mantienen numerosas simplificaciones para permitir la más fácil operación del modelo, en este caso se pretende incluir y manejar simultáneamente todas las categorías generales. Para ello serán incorporadas las relaciones con el exterior y se harán las consideraciones pertinentes acerca de la dinámica del conjunto nacional y de cada componente. De esta manera, aun cuando se mantiene un alto nivel de generalidad, acorde con las exigencias de globalidad del planteamiento y con la complejidad de los fenómenos, es posible extraer un considerable número de conclusiones y, sobre todo, de aperturas a diversas posibilidades de interpretación.

La idea central del modelo abierto consiste en que se establecen tres dimensiones de funcionamiento de la sociedad que operan en forma interdependiente. La primera es la del funcionamiento interno de la sociedad, la segunda, la de su evolución a lo largo del tiempo y la tercera, la de su relación con el resto del mundo. Cada una de estas dimensiones plantea un conjunto de interacciones propias de ese nivel o de ese aspecto del fenómeno social y recibe influencias en diverso grado y forma de las otras dos dimensiones (véase la gráfica 3).

La primera dimensión, ya ilustrada en el modelo simple, contiene las relaciones e interdependencias de los componentes que constituyen el propio fenómeno social, o sean, respectivamente, la infraestructura económica, el cuerpo social y la superestructura. Tal como hemos expuesto en 2.1, existen tres tipos diferentes de relaciones en este modelo, que son, unas, las que se establecen dentro de cada componente, las segundas constituidas por las influencias de la base económica sobre el resto del fenómeno social y las del cuerpo social sobre la superestructura, preferentemente de carácter estructural, que hemos incluido en la que denominamos primera fase y, el tercer tipo, que agrupa las funciones que surgen de la influencia de la superestructura sobre el comportamiento del cuerpo social y sobre la infraestructura económica, así como la que ejerce el cuerpo social sobre esta última. A este tercer tipo de relaciones lo hemos llamado segunda fase, e incluye numerosas variables que originan o traducen impulsos de la primera fase en variaciones de corto plazo o coyunturales.

La segunda dimensión está constituida por el devenir histórico del fenómeno social, en el que cobra gran interés la forma como las experiencias van creando modificaciones acumulativas en diversas funciones y variables, así como formaciones sociales que constituirán heredades para las generaciones futuras. Para su debida operación se procuran detectar los caminos que sigue la acumulación de efectos dentro de la dinámica social, partiendo de la premisa de que la interdependencia entre variables, puestas de relieve en la primera dimensión, condiciona este acontecer. Además del acervo de efectos originados en sucesos pasados, que se trasmiten en forma de factores impresos en el conjunto de la sociedad, existen los vestigios de las formaciones sociales anteriores que continúan en funcionamiento aun cuando no existan más las condiciones que les dieron origen. Esto sucede preponderantemente en la superestructura, pero también tiene lugar en el cuerpo social y en grado mucho menor en la infraestructura. Sin embargo, las relaciones que en alguna forma establecen estas variables que caracterizan la operación de la sociedad a través del tiempo, no se limitan a las particularidades de funcionamiento interno de los componentes del fenómeno social en forma aislada, sino también se forman con las relaciones que guardan entre sí, o sea, con todas las variables que intervienen y que constituyen el complejo sistema de interdependencia entre los componentes de la sociedad.

La tercera dimensión consiste en los elementos que se derivan de abrir la operación de los modelos propuestos a las relaciones con otras sociedades. Estas relaciones se caracterizan por ejercer influencias mutuas.

Se identifican 9 juegos de relaciones al establecer la distinción según componente de origen y destino de cada par de sociedades (véase la gráfica 3).

Un primer resultado de este procedimiento consiste en la determinación de la interdependencia general de los acontecimientos nacionales con referencia a lo que sucede en el resto del mundo. Ello permite distinguir la importancia relativa de las variaciones externas sobre los componentes del fenómeno social y la forma como influyen sobre la operación de las interdependencias establecidas entre esos componentes.

De esta manera, la influencia de elementos externos que inciden sobre la superestructura tendrán una forma de operar que es, en cierta medida, similar a la de los elementos que constituyen los factores que operan en lo que hemos llamado segunda fase y que inciden, en primer lugar, sobre la forma de reacción de la sociedad ante acontecimientos coyunturales. Pero a través del sistema de interdependencias también contribuyen a la lenta transformación estructural al acumular efectos y modificar funciones sociales.

Por este medio, las ideas, teorías y luchas del exterior, se absorben al nivel de la superestructura, aun cuando no correspondan a la realidad de esta sociedad, influyendo en la dinámica de la evolución de los valores, aspiraciones y actitudes que en los siguientes momentos empezarán a intervenir en la operación de las funciones propias del sistema.

Un caso ilustrativo de esta cadena de impulsos generados por elementos que han sido adoptados en la superestructura es el llamado "efecto demostración", que consiste en la apropiación de pautas de consumo externas que no corresponden al nivel y forma de producción existentes en la sociedad en estudio. Mediante esta apropiación, que es reflejo de cambios en la superestructura, se ponen a operar funciones de importación y de producción que modifican la oferta, se altera la asignación de recursos financieros productivos y de factores, se adaptan en lo procedente los elementos institucionales, administrativos y de organización, se afectan eventualmente otras actividades y otros núcleos sociales, así como aspectos de la superestructura.

Un planteamiento de esta naturaleza presupone que siempre existe cierta interdependencia entre las sociedades. De aquí que se postule que todas las sociedades modernas son dependientes, en algún grado, del resto del mundo.

El modelo abierto opera con la intervención simultánea de todas las relaciones propuestas, cuya combinación permite determinar las condiciones y pautas de comportamiento de diversas partes del fenómeno social, así como el grado y forma como pueden modificarse este conjunto de elementos a través del tiempo. Ello a condición de que el planteamiento del modelo refleje con fidelidad el postulado de que el resultado último de cada acontecimiento estará determinado por las peculiaridades del funcionamiento social interno, de acuerdo con las condiciones presentes, e influido por la existencia de vestigios de formaciones sociales anteriores, así como por el tipo de impulsos externos que recibe y por la forma específica en que los absorbe.

En general, los elementos que constituyen la segunda fase del fenómeno interno, o sea el juego de relaciones de arriba hacia abajo del edificio social (de la superestructura sobre la infraestructura y sobre el cuerpo social y de éste sobre la infraestructura) son los que reciben en primer término los impulsos exteriores. Sin embargo, estos efectos son apenas los resultantes del primer contacto, ya que los impulsos se traducen en variaciones de las funciones internas existentes, tanto de las que son propias de los componentes, como de las que son resultantes de la relación establecida entre ellos. Naturalmente, existen marcadas diferencias en la importancia relativa de las influencias externas que se ejercen sobre cada variable interna.

Así, por ejemplo, aquellas influencias que inciden sobre la infraestructura determinan las modificaciones más profundas del conjunto del fenómeno social, ya que afectan al centro mismo del sistema. Un ejemplo de ello consiste en la enorme importancia que tuvo para el desarrollo de los países atrasados la forma y oportunidad en que se incorporaron a las grandes corrientes contemporáneas del comercio mundial, en el curso del siglo pasado e inicios del presente, tanto por la etapa de evolución en que se encontraban estos países como por la forma que tenían en ese momento las influencias que percibieron del exterior.

En cambio, las relaciones externas al nivel de la superestructura, aun cuando mantienen una corriente permanente de impulsos que están influyendo en alguna forma sobre la evolución de la propia superestructura y sobre sus relaciones funcionales con el resto del sistema, son en todo caso de trascendencia diferente a las que se dirigen a introducir cambios en la infraestructura. En términos generales, las influencias exteriores parecen incidir tanto sobre la evolución de los canales de absorción y trasmisión de impulsos, lo que habrá de tener importantes efectos acumulativos posteriores, como sobre elementos de transformación más profunda.

El procedimiento para operar el modelo abierto consiste en considerar previa y sucesivamente los dos anteriores modelos más sencillos, que permiten detectar con mayor facilidad las principales categorías de cada enfoque. Una vez identificados los elementos principales del fenómeno interno, es posible abrirlo al exterior para modificar, en lo correspondiente, el juego de relaciones que fueron identificadas previamente cuando se aplicó el modelo bajo condiciones de aislamiento.

Para plantear adecuadamente el conjunto de relaciones correspondientes a la combinación de las tres dimensiones establecidas, no es suficiente con efectuar el análisis de los acontecimientos internos de la sociedad en estudio. Aun cuando sea en forma esquemática, es necesario examinar también la evolución de los principales centros emisores de las influencias pasadas que han incidido sobre la sociedad. Ello permite identificar el tipo de influencias, la forma como éstas tuvieron lugar, la manera como se transformaron a través del tiempo, así como la etapa en que se registraron. De esta manera, es posible determinar las relaciones generales que se mantienen con el exterior, según componentes de origen y destino, así como los canales de influencia y la trascendencia momentánea y mediata de la interdependencia establecida.

El examen paralelo y simultáneo de la dinámica del fenómeno interno y la de la sociedad que representa la principal influencia exterior, facilita la identificación no sólo del efecto que han tenido los grandes acontecimientos internacionales sobre el devenir del país, tales como las crisis, las luchas y los auges, sino también los mecanismos de trasmisión de los impulsos, las resistencias generadas y las deformaciones del desarrollo a que han dado lugar, entre otros. Con este valioso conocimiento, es posible comprobar la forma e intensidad de las influencias exteriores en diversos momentos históricos, lo que permite enriquecer la capacidad de análisis del modelo y, eventualmente, diseñar formas de regulación y de utilización positiva de esas influencias.

De esta manera, se pueden establecer las categorías relevantes, los conjuntos de relaciones de la operación de los componentes que le son propios, y de la interdependencia entre ellos, así como los medios de contacto externo e importancia de ello, según el tipo de influencia. También es posible identificar las variables y funciones semiautónomas y apreciar su evolución en el tiempo, con lo que se multiplica la capacidad analítica del modelo. La ilustración de algunas de las relaciones de interdependencia entre los componentes del fenómeno en estudio, y los pertenecientes al polo de dependencia, permite apreciar la amplitud y profundidad a que puede llevarse el análisis por medio de este instrumento.

2.31. *Relación entre infraestructuras*

La relación que se establece entre la infraestructura de la economía central y la de la sociedad atrasada puede ser ejemplificada con el caso de la influencia que ejerció la revolución industrial europea sobre las áreas dependientes.

Los canales de trasmisión de esas novedades tecnológicas consistieron, en parte, en los medios de financiamiento de nuevas industrias, constituidos por inversiones externas así como secundariamente por capitales nativos. Esta manera de incorporar las nuevas técnicas de producción y de organización, al no ser el resultado de una evolución interna, creó perturbaciones en los tres componentes del edificio social.

Además de la influencia directa que ejerció la nueva tecnología industrial —sobre la productividad y creando nuevas actividades—, también tuvo lugar una inevitable perturbación indirecta asociada a las formas nuevas de operación de toda la economía capitalista, en la cual la dicha revolución industrial se iba convirtiendo en un factor de primera importancia de la transformación social. Ese juego adicional de impulsos colaboró a la acelerada polarización de la infraestructura de la sociedad atrasada hacia la producción preferente de bienes para la exportación, al capacitar técnicamente a las actividades respectivas para elaborar eficientemente esos productos. Esta poderosa modificación de la infraestructura tuvo múltiples repercusiones que iban desde la consolidación del poder de estratos empresariales en la cúspide de la pirámide social, y la adopción de nuevas pautas de producción correspondientes a las flamantes actividades, hasta auspiciar la existencia de una atmósfera de elevada receptividad social ante otras influencias externas.

Entre muchas otras pautas que absorbieron las sociedades atrasadas en esa época, cabe destacar las que ejerció el cuerpo social del área metropolitana sobre el correspondiente componente de las sociedades atrasadas, las cuales consistieron, entre otras, en la trasmisión de principios de organización laboral, de ideas acerca del orden administrativo, y de formas de la evolución urbana. En el nivel superestructural se adoptaron ideas

—y su codificación respectiva— en relación con el derecho electoral y las libertades individuales, que contrastaban brutalmente con la miseria, la ignorancia, la arbitrariedad y la sujeción de los trabajadores que prevalecía en esos países.

La frecuente incoherencia entre los nuevos elementos incorporados artificialmente y las normas y exigencias del funcionamiento del conjunto de la sociedad atrasada, pese a que éstas pudiesen ser, en cierta medida, las expresiones complementarias de la revolución industrial en la metrópoli, daba lugar a conflictos inmediatos, así como a la gradual transformación —o digestión— de estos factores perturbadores, adaptándolos a la realidad cotidiana.

El proceso de adaptación era necesariamente producto del medio pero, al mismo tiempo, creaba elementos que influían más adelante en la dinámica de ciertas características de la sociedad. Así, por ejemplo, al incorporar la nueva tecnología surgían incentivos para, primero, efectuar las reparaciones de los nuevos instrumentos de producción, luego, para reproducir algunas máquinas y, por último, para inducir la creación de nuevas tecnologías.

A esta secuencia de impulsos transformadores contribuía considerablemente el elevado costo que tenía el transporte de los pasados aparatos desde Inglaterra —que era el polo de dependencia en esa época—, en la cual la parte terrestre en el territorio nacional representaba una gran parte del costo total. No menos importante era el elevado precio que de por sí tenía en esa época la nueva maquinaria, así como el largo tiempo que requería el sistema comercial para surtir los pedidos.

Sin embargo, todas estas condiciones favorables para iniciar la producción y reparación de bienes de capital localmente, tal como se aprovecharon en el caso de los Estados Unidos, eran contrarrestadas por formidables obstáculos internos en Latinoamérica. La infraestructura económica no estaba preparada para estas tareas, ni en términos de organización de la producción, ni de capacidad de la mano de obra, ni de disponibilidad de bienes intermedios necesarios. Además de que la demanda era reducida, el impedimento mayor consistía en que la estructura social estaba rígidamente estructurada dentro de las normas coloniales y su economía orientada a la producción de bienes primarios para la exportación. Por ejemplo, los talleres funcionaban dentro de pautas artesanales, con un fuerte acento medieval por influencia de la organización de la producción en gremios —excepción hecha de unas pocas industrias de importancia— con una abundante oferta de mano de obra, y recargados de tributos fiscales. Cada una de estas características podía ser un factor favorable para emprender el crecimiento industrial, pero en cambio, al combinarse simultáneamente, constituían difíciles impedimentos.

Las necesidades fiscales llevaron a imponer crecientes impuestos a la importación, por ser ésta una de las funciones económicas de mayor dinamismo. El efecto interno podría considerarse, sólo desde este punto de vista, como una acción de proteccionismo arancelario en favor de la industrialización que habría de sumarse al resto de las condiciones de protección natural ya señalados. Sin embargo, las alcabalas, la ineficacia administrativa, las limitaciones a la movilidad de factores y la preeminencia del aparato comercial convirtieron la erección de barreras arancelarias en fuertes elevaciones de los precios, más que en impulso a la producción de manufacturas.

De esta manera, por largo tiempo se limitó el efecto de la incorporación a la infraestructura de la nueva tecnología a una expansión parcial de ciertas actividades al abrir nuevos campos de acción y, sobre todo, al incremento de las utilidades de los contados industriales existentes y de los muchos comerciantes. Vale señalar que el proceso de absorción de la transformación tecnológica —una vez instalados los nuevos bienes de capital— se efectuó lentamente a través del uso y reparación de aparatos y del correspondiente aprendizaje de las artes de la mecánica por medio de la práctica del trabajo que tuvieron obreros y artesanos. Con este proceder se perdía una valiosa oportunidad para iniciar el desarrollo.[8]

2.32. *Influencia exterior sobre correspondencias estructurales*

Un aspecto importante en la evolución del subdesarrollo consiste en la transformación que sufren las condicionantes del funcionamiento y del equilibrio del sistema cerrado cuando éste se abre al exterior.

A manera de ensayo de estas cuestiones, se efectuará un análisis global de la exigencia de que las estructuras productivas y distributivas se correspondan en sus aspectos cuantitativos y cualitativos.

Cuando se trató el caso de un sistema cerrado —modelo simplificado en el apartado 2.1—, se pusieron de relieve algunas de las condiciones del funcionamiento que habrían de cumplirse para que esa correspondencia tuviese lugar. También fueron señaladas ciertas consecuencias notorias que conlleva el hecho de que dicha correspondencia no se establezca.

En cambio, al considerar las relaciones con el exterior se plantean nuevos problemas, los cuales dan lugar a la definición de dos situaciones cualitativamente diferentes, en lo que se refiere a la modificación del contenido mismo de la necesaria correspondencia y a la modalidad funcional de su cumplimiento. Con el fin de esquematizar estas dos situaciones, examinaremos la relación que se establece entre una sociedad subdesarrollada y un solo centro de influencia externa.

A. *Caso de relativa autonomía de las funciones internas.* La primera situación consiste en aquella en que las funciones de cada sociedad se llevan a efecto con la

[8] Véase D. Cosío Villegas, *Historia Moderna de México: La República Restaurada, vida económica,* Editorial Hermes, México, 1955.

suficiente autonomía como para que la condición de correspondencia que nos ocupa opere principalmente en función de variables internas en cada sociedad. Esta situación deviene en el caso de que las variables nacionales tengan un elevado peso relativo en la determinación de la dinámica del país, lo que hace que las funciones internas sean las que deban llevar la carga principal para satisfacer esa correspondencia.

El sistema de interrelaciones con el exterior afectará por diversas vías la operación de las dos sociedades. Cada una de ellas transferirá los impulsos externos recibidos hacia su interior utilizando los canales existentes. Por este medio se pondrán en operación las complejas funciones de cada sociedad, por lo que la condición de correspondencia se plantea como un requerimiento propio, pese a que los factores de excitación del sistema social hayan consistido en variables internas o externas.

Así, se derivan diversas sugerencias, como es la referente a que los factores de perturbación externa pueden acelerar o compensar procesos de desequilibrio interno en la relación de correspondencia que nos ocupa.

También se llega a la conclusión de que, en la medida que la dinámica interna sea la determinante principal de los mecanismos de funcionamiento del conjunto, habrá alguna posibilidad de manipular los elementos perturbadores del exterior. Esta manipulación difícilmente podría plantearse en forma de control de los impulsos externos por parte de la sociedad subdesarrollada, pero, en cambio, sería viable controlar la forma de absorción de esos impulsos. El país atrasado estaría en posibilidades de regular el ritmo y forma de absorción de las variaciones exteriores, al operar sobre los canales trasmisores, así como sobre los mecanismos internos dedicados a la transformación de esas influencias en impulsos específicos dentro de su ámbito.

Desde el punto de vista de la sociedad subdesarrollada, los principales elementos del exterior que pueden perturbar la correspondencia señalada podrían provenir de las características del intercambio comercial, de las corrientes financieras, de la migración laboral, de las transferencias de ingreso, de la influencia tecnológica del ejemplo de pautas de consumo, de la trasmisión de formas administrativas y organizativas, entre otras. Estos elementos inciden a su vez sobre diversas variables internas relacionadas con esa correspondencia, tales como la distribución de la población trabajadora —por sectores de actividad, por posición en la ocupación, por localización geográfica—, niveles de producción y de ingreso, distribución entre diversos sectores sociales, pautas de ahorro, inversión y consumo, entre otros.

Cada uno de los elementos mencionados tiene un peso relativo diferente en cada país y, además, opera con modalidades que tienen ciertas variantes en cada etapa de su evolución histórica. Sin embargo, las características generales de su operación guardan una gran similitud en todos los casos. Así, por ejemplo, el intercambio comercial se caracteriza por la exportación de las materias primas que abundan en el país subdesarrollado y que son de fácil obtención y de elevado atractivo económico por su bajo precio; por la importación de abundantes bienes de consumo así como de casi todos los bienes de capital e intermedios que requiere el aparato productivo y, en especial, el sector exportador; por una relación de intercambio que inevitablemente se deteriora en contra de la capacidad para importar generada por la venta de materias primas —debido al efecto de competencia, de sustitución por sucedáneos, de creciente eficiencia en el uso de materias primas, etcétera—; por las bruscas variaciones de los mercados de materias primas, lo que aunado a la marcada tendencia de las sociedades subdesarrolladas a elevar fácilmente la demanda de importaciones cuando incrementan su ingreso y a reducirla muy poco al contraerse el mismo, contribuye a crear una marcada inestabilidad económica.

Las características señaladas podrían no perturbar las funciones internas en la medida que se mantuviese en permanente crecimiento la disponibilidad de bienes importados, ya sea mediante el aumento de la producción de bienes para exportación que superen las variaciones negativas en la relación de precios del intercambio, ya sea por el hallazgo de nuevas posibilidades de exportación de bienes más valiosos, ya por la reducción de precios de las importaciones, ya por circunstanciales elevaciones de precios relativos de las exportaciones. La alternativa interna consiste en la sustitución de importaciones por producción nacional, lo cual multiplica las posibles soluciones a esa necesidad de correspondencia.

Por otra parte, si el ingreso de exportaciones, que se convierte en la determinante de la demanda interna característica de esa sociedad, puede satisfacerse ya sea con bienes del exterior o con los de origen interno producidos por un esfuerzo de sustitución de importaciones, el equilibrio entre oferta y demanda podría mantenerse.

En el caso de las corrientes financieras, el efecto cambiaría de acuerdo con el carácter de éstas, pero en todos los casos esas corrientes tendrían peculiaridades semejantes. Las entradas de capital significarían un aumento en la capacidad para importar, y un incremento del ingreso de la población, siempre y cuando se dediquen esas entradas al financiamiento de inversiones o a la compra de bienes y servicios internos. Las salidas de capital, ya sea por concepto de amortizaciones, intereses, remisión de utilidades o movimientos de capital de corto y de largo plazo, tienen, en todos los casos, efectos contrarios a los de las entradas.

De igual manera, el efecto directo y el inducido de los elementos externos se traduce en cambios en las normas de asignación de la mano de obra. Estos cambios tienen lugar en el sentido de su adjudicación según sectores de actividad económica, según posición funcional de obreros y empleados y según localización geográfica, de acuerdo con la influencia que el factor externo ejerza sobre la ocupación de la mano de obra y sobre su productividad. De esta forma, la marcada polarización de la actividad económica en torno de la producción de bienes para la exportación y la acelerada expansión de servicios urbanos —auspiciada por la migración del campo— son, en parte, efectos directos e indirectos de la relación con el exterior, al igual que lo es el cambio en las respectivas demandas de los diversos estratos y clases sociales.

Bajo las diferentes influencias señaladas, se registran efectos diversos sobre los niveles de ingreso y su distribución. Aun cuando éstos son solamente algunos de los factores externos que inciden sobre las variables que determinan el nivel y distribución del ingreso, a los cuales habrían de sumarse los factores estrictamente internos que afectan a esta variable para completar el panorama de su cambio total, son suficientes para ilustrar la cuestión que nos ocupa.

A las variaciones del ingreso por la incidencia de factores externos es necesario adjuntar el efecto que producen elementos básicos internos, tales como los relativos a cambios de precios internos, que están asociados directa e indirectamente con influencias del exterior, para dilucidar la forma como se absorbe la influencia del centro de hegemonía económica. Estos cambios de precios pueden originarse por el efecto de la afluencia de bienes importados —por ejemplo, la reducción de precios por la libre disponibilidad de satisfactores en una economía abierta—, por la asignación de los mejores factores productivos a la producción de bienes para la exportación, con detrimento de la oferta nacional para uso interno y, en fin, por la existencia de una capacidad de compra por encima de la disponibilidad de bienes, ya sea debido a la limitación de importaciones o por la afectación de la oferta interna.[9]

La correspondencia entre las estructuras productivas y distributivas quedaría afectada por el exterior, en este

[9] Se debe subrayar la elevada importancia que tiene la condición del desequilibrio externo sobre la decisión de implantar medios de defensa, por ejemplo, control de cambios, restricción de importaciones y otros. Todos ellos repercuten en las variables internas que absorben las influencias del exterior, y eventualmente se reflejan en los precios de los bienes.

ejemplo, a través de las variaciones en la disponibilidad de bienes (por cambio de las exportaciones, importaciones y precios, que determinan variaciones en la capacidad para importar), en la asignación de factores de la producción y en la tecnología aplicada en sus respectivos niveles de ingreso y, por tanto, en la dimensión y forma de su demanda.

Diversas condiciones internas pueden contribuir a compensar o a acelerar los desequilibrios entre dichas estructuras. Un factor común en los países subdesarrollados es el de la presencia de un exceso de mano de obra en relación con las formas de producción prevalecientes, por lo que los requerimientos adicionales de trabajadores para efectuar las nuevas actividades de exportación pueden satisfacerse sin dificultad y equilibrar la demanda adicional creada por los nuevos ingresos mediante mayores importaciones.

De igual forma, la existencia de posibilidades de producción adicional con el uso del aparato productivo existente —capacidad industrial, agrícola o minera no utilizadas— podría aprovecharse al ampliarse la demanda interna por efecto de los ingresos generados en actividades exportadoras.

En cambio, también pueden generarse conflictos en la medida que los factores externos condicionen la operación de exigencias internas de satisfactores que el sistema se encuentre incapacitado para resolver. Tal es el caso en que el sector exterior no mantenga una permanente expansión que permita satisfacer indefinidamente las crecientes exigencias de la demanda de bienes de consumo —con frecuencia deformada por "efectos demostración"—, de la formación de capital o de bienes intermedios para la operación del aparato productivo. El caso más agudo se presenta cuando tiene lugar una repentina contracción de los mercados del exterior.

Ante un desajuste con el exterior por la contracción de exportaciones —ya sea por reducción del precio o del volumen de ventas— en una economía subdesarrollada y altamente especializada, pero que guarda una relación de cierta autonomía entre sus funciones internas y el exterior, la respuesta puede consistir, en una primera etapa, en la aplicación de controles externos tales como la limitación de importaciones, la reducción de circulante y la restricción del crédito interno. Estas medidas estarían encaminadas a guardar la equivalencia entre la capacidad para importar y las importaciones, con el fin de aliviar las presiones sobre la balanza con el exterior.

Pero el efecto no se limita a la incidencia sobre las importaciones, sino que también influye sobre el nivel de actividad tanto por afectarse la formación de capital y la compra de bienes intermedios, en su contenido importado, como por reducir la operación general de la economía por vía de variables monetarias y crediticias. Esta afectación se suma a la probable contracción posterior de las actividades de exportación que son usualmente las de mayor dinamismo y, por lo tanto, induce el estancamiento de otras ramas asociadas a estas actividades.

Una segunda ronda de efectos se trasmite a toda la economía por vía de las variaciones de la ocupación, del ingreso y de la demanda en su conjunto. La presión hacia la reducción de los niveles de consumo, con frecuencia implantada por la variación simultánea de precios de los bienes y de los ingresos de sectores específicos —obreros, empleados, campesinos—, induce en ocasiones a núcleos demográficos rurales de considerable dimensión a retornar a la práctica del autoconsumo.

De esta forma, en el caso bajo estudio, el ajuste entre las estructuras productivas y distributivas perturbadas por un estrangulamiento externo puede darse a través de la contracción general del consumo por vía de la desocupación, de la congelación de ingresos y de elevaciones de precios, así como del recurso de la amortiguación de estos efectos mediante el retiro virtual de las funciones productivas y consumidoras de conglomerados demográficos rurales de importancia. Al sustraerse del mercado estos sectores de la población, de hecho auspician la contracción general del consumo —al menos del que pasa por los mecanismos comerciales—, aun cuando individualmente las familias campesinas que emprenden ese aislamiento pueden alcanzar niveles de consumo físico más elevados que antes.

Debe apuntarse que esta forma de evolución desembocaría eventualmente en intentos de emprender nuevas actividades internas de mayor autonomía con respecto al exterior. Ello sucederá en la medida en que el conflicto interno, provocado por esa incompatibilidad de funciones, exija transformaciones estructurales. En otro caso, el autoconsumo y la contracción general del consumo podrían absorber todo el efecto del desajuste.

Cabe señalar, por último, que las variaciones de otros elementos que participan en la relación con el exterior pueden inducir la operación de funciones internas similares a las que excitan las crisis de las exportaciones antes examinadas. Una elevación del precio de las importaciones, o la existencia de flujos de salida neta de capitales, se traducen en ocasiones en variaciones de la actividad económica general, en el cambio de la escala de precios internos, en modificaciones de la oferta, del ingreso y, por último, del consumo global, que son en su conjunto efectos parecidos a los provocados por cambios de las exportaciones. En igual sentido operaría una contracción de la ocupación de la mano de obra migrante (braceros), al perturbar el panorama interno de relaciones de factores productivos con respecto a la disponibilidad de bienes, que se afecta al reducirse la capacidad para importar antes aportada por esa mano de obra.

B. *Caso de estrecha vinculación con el exterior.*

La segunda situación a examinar es la que se establece entre un polo de hegemonía mundial y una sociedad subdesarrollada, cuyas principales relaciones funcionales se encuentran penetradas por variables del exterior. En este caso, los acontecimientos internos se encuentran cada vez más subordinados a eventos del exterior, al grado que se desvanece la frontera funcional entre ambas esferas. En la medida que esto acontece, pierde sentido la proposición de que existen medios característicos de contacto y de traducción de impulsos exteriores en elementos que excitan la operación de variables de la sociedad subdesarrollada. Más bien, parecería necesario postular que, funcionalmente, se tiende a una fusión de ambas sociedades en un solo sistema complejo, aun cuando éste pueda marcar, aún más que antes, algunas diferencias formales entre las dos sociedades.

En la medida que tiene lugar una evolución de esta naturaleza, la sociedad en proceso de ser absorbida va perdiendo los medios de defensa que permitían la existencia de la autonomía anterior. Conforme va perdiéndose la posibilidad de aplicar el instrumental tradicional de resistencia al exterior, y no se logran diseñar nuevos medios sustitutivos, la sociedad va cobrando vulnerabilidad ante las influencias que provienen de esa esfera y ante las funciones internas que producen efectos similares a los provocados por las variables externas, tales como desequilibrio en la balanza comercial, movimientos de capital, etc.

El proceso señalado tiene lugar como parte de una evolución global del sistema de funcionamiento del polo hegemónico y de una vigorosa colaboración de la sociedad subdesarrollada que se encuentra dentro de la condición funcional que estamos examinando. Esta colaboración conlleva la adaptación acelerada del sistema atrasado a su nuevo destino, con el fin de lograr el aprovechamiento máximo de las condiciones circunstanciales de auge que representa, en ocasiones, la identidad plena de la sociedad a las exigencias de operación de la economía internacional.

Pero esta adaptación consiste en eliminar los obstáculos a la operación de la nueva tónica externa en el período de auge y dichos obstáculos son precisamente los medios tradicionales de protección. De esta manera, so pretexto de obedecer un criterio de eficiencia inmediata —medida a través de la elevación del producto, de la inversión, de la ocupación, de la industrialización, del acceso al *know-how*— dentro de un pragmatismo irreflexivo que evita plantearse las cuestiones fundamentales, los dirigentes de los países subdesarrollados aprovechan las aperturas mundiales y, con ello, auspician las circunstancias favorables a la pasividad de la economía ante el exterior.

Mediante ese mecanismo mundial, que en ocasiones atribuyen algunos gobiernos latinoamericanos a su acertada política económica con grotesca desproporción, los países absorben la tónica impuesta por condicionantes externas, incluyendo grandes transformaciones técnicas y productivas como son las necesarias para la adaptación del aparato productivo a los fines de una exportación masiva, o más recientemente, al proceso de industrialización. Al mismo tiempo, tiene lugar la gradual modificación de diversas partes y funciones de la sociedad, inducida por la creciente identificación de la sociedad subdesarrollada con el polo de dependencia y por la correspondiente fusión de elementos de sus componentes internos, sobre todo de sus infraestructuras.

En la medida que esa identificación con el exterior tiene lugar, las funciones internas se encuentran cada vez más sujetas a variables de aquel origen. Por lo mismo, aun cuando formalmente puedan detectarse los canales principales de transferencia de variaciones del exterior, su efecto es cada vez más directo sobre las variables y funciones internas, sin que sean "traducidos" por medio de los mecanismos de contacto con esa esfera.

La proposición anterior sugiere que las variaciones de condiciones comerciales, financieras y de factores de la producción, son cada vez más incontrolables por las entidades de la sociedad subdesarrollada, al perderse la relación funcional entre los componentes del edificio social nacional y, con ello, la posibilidad de identificar la connotación exterior-interior de elementos y funciones. Ello supone una creciente pérdida de identidad de las estructuras productivas, así como del origen de las presiones sociales que habrían de auspiciar la implantación de medidas de defensa con respecto al exterior.

La tendencia a la fusión implica que la correspondencia entre estructuras productivas y distributivas habrá de plantearse como un proceso en el que las estructuras individuales de las sociedades se inclinan a desaparecer. Esto supone que pueden surgir fenómenos aparentemente separados en cada sociedad, si bien funcionalmente se encontrarán cada vez más ligados entre sí. En la medida que esto suceda, los matices que imprimen las circunstancias nacionales del país subdesarrollado sobre la forma como tiene lugar la correspondencia entre las estructuras productivas y distributivas irán disminuyendo en importancia.

En este proceso, la regulación interna de factores perturbadores de las correspondencias estructurales propias del país atrasado va limitándose al uso de instrumentos de carácter fiscal, monetario y crediticio, junto con el gasto público, todos los cuales, en cierta medida, también se encuentran indirectamente asociados a esos factores externos. Los mecanismos de precios van convirtiéndose en los elementos compensatorios de principal importancia, de tal manera que la apreciación monetaria de los bienes, del trabajo o del capital cobra una gran vigencia. Las variaciones del sistema económico se traducen, con pocos matices, en cambios de precios relativos de bienes, servicios y factores de la producción, así como en variaciones del ingreso general dentro del cual incide, sumándose o sustrayéndose, la corriente de ingresos del exterior.

La forma y nivel de producción, la oferta de bienes en volumen, valor y variedad, así como el nivel y distribución de la capacidad de compra de bienes, son las variables principales que intervienen en la correspondencia de estructuras productivas y distributivas. Sin embargo, casi todas esas variables están afectadas directamente por los acontecimientos del exterior y todas ellas lo están indirectamente. Por este motivo, el mecanismo de ajuste ante variaciones de uno o varios de esos factores, siempre se traduce en cambios en los niveles de consumo, además de las modificaciones de la formación de capital, por vía de la alteración simultánea de ingresos y precios. Esta tendencia se modifica, naturalmente, en la medida que la oferta interna sea capaz de cambiar el panorama de la disponibilidad de bienes. Esta facultad, de todas formas sujeta a los efectos de variaciones de precios y de otros factores, parece que tiende a ser una exclusiva del sector agropecuario.

Un medio adicional de ajuste del nivel global del consumo consistiría en la posibilidad de efectuar transferencias de núcleos de población con el polo de dependencia. En la etapa de contracción, habrían de emigrar conglomerados demográficos, y retornar en los períodos de auge. Sin embargo, estos movimientos tienen lugar precisamente al revés, es decir, en épocas de contracción el país hegemónico tiene dificultades para la ocupación de su mano de obra y por eso mismo tiene problemas similares el país subdesarrollado, por lo cual el polo tiende más bien a expulsar inmigrantes en esas etapas. Con ello, la incidencia sobre el consumo del país dependiente será mayor, ya sea porque la disponibilidad total de bienes se mantenga o porque las variaciones de precios compensen los cambios en esa disponibilidad. Esa incidencia representa una de las facetas de la fusión entre ambas sociedades en el sentido de que una parte de la desocupación del país subdesarrollado, así como la parte correspondiente de pérdida de capacidad de consumo global, son atribuibles al ajuste de las estructuras conjuntas de las dos naciones.

En cambio, el recurso al autoconsumo por núcleos campesinos del país subdesarrollado como mecanismo de compensación, va reduciéndose en vista de que el proceso de identificación externa incluye la extensión del sistema de producción especializado a todo el ámbito de la sociedad. Esta fuerza transformadora, que se origina en la simultánea necesidad de aumentar la producción y ampliar la demanda, condiciona la existencia de obstáculos crecientes para el retorno de la población agrícola al autoconsumo. En este caso, se repite el fenómeno que condiciona los beneficios de las nuevas aperturas económicas a la implantación de adaptaciones, las cuales impiden retomar prácticas de protección pretérita.

La eliminación de la posibilidad de practicar el autoconsumo sólo significa que los mecanismos compensatorios de desajustes se concentrarán, fundamentalmente, en el consumo interno total y que éste cambiará más intensamente.

El anterior esquema, que sugiere la transformación gradual del país dependiente en parte de la infraestructura del polo hegemónico, aun cuando prevalezcan en dicho país sus funciones sociales y culturales relativamente individuales, parecería mecánico y determinista cuando se limita a manejar variables globales.

Semejaría que el destino inevitable de los países dependientes consiste en encontrarse pasivamente sujetos a las variaciones externas que producen sucesivos auges y depresiones. En esencia, esto es cierto en la medida que las transformaciones sociales internas, que conlleva toda función del sistema, no acumulan suficientes factores conflictivos que planteen, y sean capaces de resolver positivamente, una ruptura del esquema.

Esa ruptura tendría que aspirar a modificar las formas de funcionamiento global del sistema social para solucionar efectivamente la inclinación de las sociedades subdesarrolladas hacia el determinismo. Por lo mismo, no se puede plantear como único camino el retorno a formas del pasado. Ni siquiera a las utópicas variantes del nacionalismo económico capitalista con aspiraciones de autonomía, que fueron viables en etapas históricas lejanas. A este tema nos referiremos más adelante.

IV

CARACTERIZACIÓN DEL PROCESO DE SUBDESARROLLO

A partir del supuesto de que América Latina se encuentra en estado de subdesarrollo, se aplicará el método propuesto de análisis a fin de examinar algunas de sus principales características funcionales y de esta manera se tratarán de detectar los elementos determinantes de su atraso y se inferirán las pautas generales del proceso de subdesarrollo. Para ello se procederá, en primer lugar, a efectuar una delimitación de la latitud de aplicación de los conceptos propios del subdesarrollo y a continuación se apreciarán los rasgos peculiares del mismo.

1. EL TIEMPO HISTÓRICO DEL SUBDESARROLLO

El método de análisis que se va a utilizar exige que el examen del origen y dinámica del subdesarrollo se lleve a efecto en contraste con las características del momento histórico en que han tenido lugar.

Es importante examinar, aun cuando sea brevemente, la cuestión relativa a la latitud de aplicación del concepto de subdesarrollo. A este respecto, surge la cuestión acerca de si el concepto de subdesarrollo debe utilizarse solamente para denominar y calificar un fenómeno social característico que tiene lugar en una condición histórica determinada de la evolución de la sociedad, o si se trata de una categoría que puede aplicarse genéricamente a toda sociedad y en cualesquiera de los estadios de la evolución de la humanidad, para expresar su posición con respecto a un paradigma.

Es indudable que en todo momento histórico se encuentran diversas sociedades que tienen diferencias en el volumen y tipo de satisfactores disponibles, en la base material de la producción, en la distribución social de la capacidad de acceso a esos bienes y, por consiguiente, en los grados de bienestar. Tales diferencias resaltan en la medida en que dichas sociedades se encuentran relacionadas entre sí, a través de vínculos comerciales, militares o de servidumbre. Además, en todos esos casos se establecen mecanismos de exacción de excedentes económicos para el beneficio de las sociedades dominantes y para el infortunio de las que se encuentran sujetos al estado de subordinación. La intensidad de los flujos de excedentes y la forma como se canalizan difieren ampliamente según la organización que prevalece en las sociedades y la circunstancia histórica respectiva.

Con el advenimiento del capitalismo, o sea, a partir del período en el que este sistema de producción se convierte en la forma principal de funcionamiento de la economía mundial, se difunden sus medios privativos de producción e intercambio. Estos medios determinan las pautas principales de interdependencia económica entre las diversas sociedades que forman su esfera de influencia. Aun cuando dichas pautas fundamentales puedan guardar ciertas diferencias en cada sociedad debido a la influencia de las respectivas características culturales y físicas, en el fondo prevalecen los elementos esenciales de la forma de producción e intercambio capitalista.

En razón de la generalización de las formas de producción que imponen las normas del funcionamiento capitalista, parece apropiado utilizar conceptos específicos para significar los fenómenos peculiares que surgen en el período de vigencia de dichas normas. De esta manera, el concepto de subdesarrollo corresponde a un fenómeno característico que acontece dentro de una forma de organización determinada y en un período histórico particular, y no es tan sólo una posición relativa de cada sociedad con respecto a otras, medida a través de indicadores diversos.[1]

Por lo mismo, será necesario limitar las comparaciones entre las sociedades a períodos en los que éstas operan en contextos similares y dentro de formas parecidas de funcionamiento. De esta manera, puede hablarse del atraso relativo referido a cualquier momento histórico, pero la denominación de subdesarrollo deberá aplicarse solamente al atraso capitalista.

Asimismo, al referirse a las condiciones en que se encuentran los países que funcionan según formas de organización no capitalista, el atraso deberá denominarse en términos que expresen e identifiquen las características de esta manera de operar.

2. CARACTERÍSTICAS DEL SUBDESARROLLO

Con el acotamiento anterior, acerca de la latitud funcional e histórica del concepto de subdesarrollo, es posible plantear el examen de los principales factores que caracterizan esta condición.

Habrá de postularse, en primer término, que el subdesarrollo consiste en la forma de funcionamiento de las sociedades capitalistas atrasadas. De aquí que para nuestro propósito interesen todos los aspectos relevantes de la forma de operación de estas sociedades, por lo que deberán examinarse las particularidades que tiene la manera capitalista de producción y de asignación del valor.

Con el objeto de efectuar ese examen se apreciarán,

[1] Un sistema de indicadores diseñado para apreciar la evolución relativa de países con diversa forma de funcionamiento tendría que ser neutro con respecto a éstas, con el fin de calificar, en términos abstractos y comparativos, el grado de desarrollo de cualquier sociedad en toda etapa histórica. La virtud de su inocuidad y de su neutralidad con respecto al fenómeno social habría de garantizar la futilidad del procedimiento.

en primer término, las pautas de orden interno de cada sociedad que caracterizan al funcionamiento del capitalismo y, a continuación, la forma como operan las correspondientes relaciones externas. Por comparación podrán detectarse los elementos principales que constituyen el estado de subdesarrollo, su génesis y evolución, y podrá ensayarse una proposición acerca de la dinámica de esta condición.

La esencia del sistema capitalista consiste en la vigencia de las formas de producción correspondientes a la operación de la empresa privada. Ello implica necesariamente una organización de la producción, de bienes destinados al intercambio mercantil, que asegure una determinada distribución del valor creado entre los núcleos sociales que intervienen en estas labores. El valor ha sido aportado en el proceso productivo por la aplicación de tiempo de trabajo humano, una parte directamente en forma de esfuerzos físicos e intelectuales y otra indirectamente por el uso de bienes de capital. En este último caso, el camino indirecto que recorre el trabajo humano transformado en bienes de capital se inicia en la acumulación necesaria de valor para su elaboración y se realiza mediante su gradual reincorporación al proceso productivo al ser utilizados dichos bienes para crear nuevos valores.[2]

La forma de distribución social del valor creado refleja la finalidad última de la producción capitalista, o sea, que el empresario obtenga el mayor lucro posible. Esta finalidad puede lograrse por varios caminos: los empresarios pueden lograr una mayor participación en el valor creado sin modificar la tecnología al aumentar la producción sin cambio en los salarios, por ejem-

[2] Los cargos contables para depreciación constituyen la expresión monetaria de este fenómeno. Se supone que los fondos formados a este propósito son el equivalente al desgaste de los bienes de capital, el cual es, a su vez, la contrapartida de la reincorporación del valor acumulado en éstos al proceso productivo. Véase M. Dobb, *Economía política y capitalismo,* Fondo de Cultura Económica, México, 1961.

plo, reduciendo el salario unitario por cada producto elaborado, ya sea por medio de bonificaciones o premios a los obreros cuando rebasen las cuotas establecidas, ya por la contratación de trabajo a destajo. También se puede introducir una mejora tecnológica que incremente la capacidad productiva de la mano de obra, lo que incluso hace admisible la elevación de los salarios unitarios, a condición de que dichos aumentos sean menores que el incremento de la productividad del trabajo. Un medio que trasciende el ámbito de la unidad productiva y que usualmente es aplicado a fin de elevar el lucro consiste en el aumento del precio relativo de los bienes elaborados, dentro de las limitaciones mercantiles del momento particular.

El hecho de que los precios se eleven en relación con el nivel de los salarios implica de esta manera una redistribución del ingreso a favor del capital, o sea, un incremento del lucro.[3]

Es claro que la operación de los diferentes medios para aumentar el lucro —que por cierto no son excluyentes entre sí— solamente es viable en la medida en que el aparato institucional, las normas jurídicas y la organización social así lo auspicien. No en balde se transforma el respeto a la propiedad privada en el eje de la cultura capitalista, lo que desde luego es la contrapartida estructural de las normas de funcionamiento de la economía.

Tal como hemos visto antes, la infraestructura económica condiciona las funciones y las características del cuerpo social —la lucha de clases, la estratificación social, etc.—, así como la existencia de elementos peculiares de la superestructura, como es la ideología que va conformándose en torno a la preeminencia de los valores a que da lugar el capitalismo, y su sanción en códigos de comportamiento. De esta manera, se proclama la plena libertad de movilidad de los factores

[3] Véase C. Marx, *El capital,* vol. I, Fondo de Cultura Económica, México, 1959.

de la producción como respuesta a una necesidad específica del funcionamiento de la economía capitalista. Esto significa tanto una libertad relativa para el trabajador en cuanto a la elección del lugar y actividad en la que puede alquilar su capacidad de trabajo, como la posibilidad para el empresario de contratar la fuerza de trabajo en mercados libres y, por ello, a los menores precios posibles del momento.

Una categoría de gran importancia para nuestro análisis consiste en el concepto de excedente económico. El examen de su origen y utilización permite detectar algunos de los elementos principales que identifican el fenómeno del desarrollo capitalista, así como el mecanismo de creación y de asignación del producto social, y facilita la apreciación de las relaciones de producción y de organización social que son necesarias para la obtención de un excedente.

No menos importante es la evaluación de la forma como se distribuye ese excedente, ya sea según sectores sociales, factores de la producción, sectores de la actividad económica (agricultura, industria, etc.), y según la división del fenómeno en acontecimientos originados en el ámbito interno y en el resto del mundo.[4] También es esencial la determinación de los medios que se utilizan para llevar a cabo esa distribución del excedente: cuotas, tributos, precios, etc.

La organización de la producción capitalista en torno a la utilización de mano de obra con el fin de producir bienes para el cambio y obtener un lucro, así como la forma de efectuar la acumulación de capital y el consumo, ha sido motivo de incontables estudios. Igualmente lo ha sido la forma como este sistema de producción ha evolucionado y se relaciona con la formación

[4] El tratamiento global del concepto de excedente, y su aplicación para examinar el funcionamiento del capitalismo, está contenido en la obra de P. A. Baran, *La economía política del crecimiento,* Fondo de Cultura Económica, México, 1959, así como en P. A. Baran y P. M. Sweezy, *El capital monopolista,* Siglo XXI, México, 1968.

de capital, el cambio tecnológico, el crecimiento demográfico, la lucha de clases, la influencia de los cambios de la demanda, la operación monetaria y crediticia, etc.

De acuerdo con el nivel de generalidad que estamos manejando, será suficiente para nuestros propósitos de esquematización del sistema capitalista el hacer referencia a ciertos aspectos característicos de orden global y apuntar, cuando sea necesario, las cuestiones de detalle que sean relevantes.

Las formas de producción de un país capitalista desarrollado se caracterizan por una permanente incorporación de nuevas tecnologías, debido al incentivo del mayor lucro que se logra mediante la elevación correspondiente de la eficiencia. La reducción de costos que conlleva el uso más eficiente de los factores caros crea un incentivo permanente para la actividad productiva de los empresarios. Ello induce a que parte del gasto se oriente a financiar actividades de investigación científica y tecnológica.

Las múltiples formas de repartición del excedente producido —vía distribución del ingreso, mecanismo mercantil de precios, flujos financieros y bancarios, cuotas, etc.—, a más de ser características en cada etapa de la evolución capitalista, influye no sólo en la distribución final de ese excedente, sino también en su utilización. Así, por ejemplo, los mecanismos inflacionarios pueden determinar una concentración de excedente en un sector económico determinado y en un estrato social específico y, al mismo tiempo, inducir preferentemente su uso en forma de consumo, o su aplicación a la especulación financiera con bienes raíces, o a la formación de capital en actividades productivas.

Este funcionamiento, además de auspiciar cambios característicos en la ocupación, en la urbanización y en la expansión de los servicios, crea impulsos poderosos que inciden sobre la organización del trabajo y del capital, y también crea mecanismos de canalización de presiones sociales e influye en la forma de solución de conflictos. Así, las luchas sociales, las exigencias por niveles de consumo más elevados, las demandas de la educación, entre otros, son en gran medida resultantes de las normas de operación del sistema y, en muchos casos, se convierten en factores que pueden determinar nuevos cambios y avances sociales.

Esto significa que el cuerpo social tiene un elevado dinamismo interno que pone en acción diversos ciclos evolutivos. Por ejemplo, la lucha de clases dentro de un contexto de acelerado cambio social, acompañado de incrementos del ingreso y de una rápida ampliación de la clase media como consecuencia del aumento de la demanda de servicios, puede diluirla en unos casos, reducirla a aspiraciones exclusivamente económicas en otros, y en general, puede surgir la "aristocratización" proletaria en otros más. Cada una de esas posibilidades se da de acuerdo con las circunstancias de cada sociedad, si bien, una vez que suceden, influirán poderosamente en el funcionamiento general, incluyendo la dinámica del cuerpo social. Asimismo, la interdependencia entre formas de producción y superestructura es, en diversos períodos del acontecer capitalista, de elevada importancia en la determinación de la dinámica del conflicto social. En ocasiones, sus características operan como aceleradores del conflicto y en otras lo frenan.

La dialéctica del desarrollo se concentra en gran medida en las diferencias cualitativas y cuantitativas de la evolución del sistema social bajo circunstancias sucesivas de auge y de crisis, matizadas por la influencia de los resabios que dejan tanto la acción de los impulsos pasados como las reacciones a que dan lugar. Así, por ejemplo, un auge puede hacer más grave una crisis posterior, en la medida que ese auge —suficientemente prolongado e intenso— haya transformado estructuras hasta el grado de producir modificaciones irreversibles en el corto plazo. Tal es el caso de niveles y formas de consumos, o de cambios en la estructura ocupacional, asociados específicamente a una etapa de expansión. El caso opuesto corresponde al fenómeno de la vitalidad de estructuras sociales y culturales surgidas a la sombra de actividades esporádicas intensas, que rehusan desaparecer cuando dichas actividades declinan (por ejemplo, el síndrome del henequén en México).

Las relaciones vitales del capitalismo —algunas de ellas ya señaladas— dependen de una gran diversidad de condicionantes cuya operación es decidida por diferentes sectores, instituciones e individuos. Esta característica es una de las fuentes de la vigorosa capacidad del capitalismo para movilizar posibilidades de expansión con elevada eficiencia, pero también es el origen de formidables desajustes.

Algunos de los principales desajustes surgen de la incompatibilidad intrínseca del sistema en el sentido de exigir, para su supervivencia, de una expansión económica sostenida, la cual se basa en la mayor concentración posible del ingreso (o sea, de la capacidad de consumo) en los propietarios del capital y, al mismo tiempo, esa expansión deberá sustentarse en una demanda igualmente creciente que depende, entre otros factores, de la distribución del ingreso. Numerosos argumentos se esgrimen en torno a esta cuestión —el papel del gasto público, la política fiscal y de seguridad social, el capitalismo popular—, todos los cuales se reducen a la misma disyuntiva final: crisis inevitables o modificación del sistema.

En el caso de una sociedad capitalista aislada el problema de su funcionamiento, incluyendo el origen y solución de las crisis cíclicas, habría de encontrarse en sucesivos ajustes a base de variaciones de las funciones vitales.

Al incorporar las relaciones con el exterior se modifica sustancialmente el panorama. Habíamos examinado (capítulo III) la tendencia del sistema capitalista a internacionalizar sus circuitos operativos, al igual que sus relaciones fundamentales de orden estructural. El país hegemónico está, por definición, capacitado económica y militarmente para imponer las pautas comerciales, productivas y financieras, así como de política económica general, al conjunto de países asociados a su operación. En la medida que ello suceda, se establecerán normas de canalización internacional de excedentes —vía precios, mecanismos financieros, tributos, etc.—, así como de trasmisión de efectos de las crisis, con lo que los países satélites desempeñarán, en este aspecto, el papel de amortiguadores al absorber parte de las consecuencias de aquéllas.

Veamos brevemente algunas de las características principales de los países subdesarrollados que prevalecieron hasta antes de su parcial industrialización, a mediados del presente siglo, en comparación con las referencias anteriores que hemos hecho acerca de las sociedades hegemónicas. La razón de limitar esta comparación a las características del atraso capitalista, que se dieron hasta la década de los años cincuenta, reside en que esquematiza con mayor claridad las diferencias entre los dos tipos de sociedades, así como sus relaciones entre sí. Más adelante, se examina el contenido, significado y origen de las nuevas pautas que prevalecen hasta nuestros días.

En el ámbito interno, las naciones subdesarrolladas se caracterizan por el marcado bloqueo que tienen sus respectivas infraestructuras para usar más eficientemente las capacidades de producción (de acuerdo con la tecnología de la época), así como por los numerosos obstáculos a la evolución de la técnica productiva. Como consecuencia es posible distinguir dos funciones de producción claramente diferenciadas, según las características de dos tipos de actividades:

a] La producción comercial, cuyos elevados márgenes de lucro se originan en su posición privilegiada la que, al mismo tiempo, auspicia su permanencia.
El diseño de la producción se efectúa con frecuencia con base a criterios poco relacionados con problemas de eficiencia, ya que las condiciones de la

producción no otorgan un peso elevado a los costos que enfrenta. La tecnología se incorpora en razón del sostenimiento de volúmenes de utilidades —y en muchas ocasiones por simple moda, prestigio, propaganda, etc.—, más que en variaciones de los márgenes o de las tasas de dichas utilidades, lo cual explica también algunas asombrosas adquisiciones de exóticos bienes de capital en sociedades subdesarrolladas;

b] La producción orientada a satisfacer demandas locales en la que, usualmente, la reducida capacidad de acumulación de capital impide su expansión. Al mismo tiempo, esta condición asegura la operación de las pequeñas unidades productivas —sobre todo de talleres artesanales— al crear áreas de influencia delimitadas, sin competencia, y con un mercado limitado pero igualmente seguro. En las actividades agrícolas incide poderosamente la práctica del autoconsumo para la preservación de las normas de operación y de supervivencia de la unidad productiva, protegida de esta manera de las variaciones de los precios en los mercados, pero igualmente impedida para expandirse. Esta práctica auspicia la existencia nacional de mecanismos arbitrarios de precios, al inducir la especulación mediante la venta del núcleo autoconsuntivo de sus excedentes a precios bajos, lo que a su vez impide la supervivencia económica del pequeño productor capitalista. De aquí la usual relación de precios reducidos a los productores, precios elevados a consumidores, bajos volúmenes de oferta y grandes utilidades de los comerciantes. Esta situación también es la base de la viabilidad y atractivo de la explotación extensiva de carácter latifundista.

La caracterización y diferenciación de los dos tipos de producción, da lugar a una aparente dicotomía, pero ésta sólo representa facetas o aspectos externos de un solo fenómeno. Es necesario establecer la relación entre estos dos tipos de producción que parecen divorciados cuando no antagónicos, aun cuando en realidad son interdependientes.

En el subdesarrollo se establecen circuitos de interdependencia, al igual que en la sociedad desarrollada, pero de características diferentes. Por ejemplo, la tecnología aplicada constituye una demanda que se compone de dos tipos de bienes de capital: unos de ellos sencillos, de fácil manufactura, principalmente destinados al sector tradicional; otros, bienes de capital altamente especializados que demanda el grupo de productores que operan en el ámbito comercial. En el caso de permanecer aislada esta sociedad, dichas demandas habrían de auspiciar actividades industriales dedicadas a satisfacerlas, poniendo en operación funciones manufactureras complejas que culminarían en nuevas proposiciones tecnológicas y científicas.

Sin embargo, ello no sucede así, en primer término, porque la existencia de esa dicotomía es la resultante de la poderosa influencia de la relación externa, la cual incluye la facilidad de obtener de esa esfera la tecnología especializada y los correspondientes bienes de capital para ejercerla. Ello es resultado de la diferencia preexistente entre las sociedades adelantadas y atrasadas, por lo que los incentivos internos para la evolución tecnológica tienden a convertirse en demandas de importaciones, lo que a su vez significa la clausura de posibilidades de evolución productiva, técnica y cultural.

El contraste entre países en cuanto a la base infraestructural disponible, junto con las diferencias en las pautas de formación de capital, en la manera como se organiza la producción, en la forma de incorporación del trabajo y en sus niveles de capacitación, ha dado lugar a varias proposiciones acerca de la causación circular del atraso.[5] Aun cuando existen marcadas diferencias en todas estas cuestiones entre países adelantados

[5] Véase, por ejemplo, G. Myrdal, *Asian drama,* The 20th Fund, 1968.

y atrasados, sin embargo son en gran medida resultado y no causa, lo cual no implica que su modificación sea inútil sino todo lo contrario.

En efecto, hemos visto que la motivación para emprender la formación de capital, que en el caso de un productor operando en una sociedad desarrollada podría ser la tasa de utilidades y en muchos casos la necesidad de supervivencia de la empresa, en el caso del empresario subdesarrollado lo más frecuente es que el incentivo consista en el volumen global de utilidades. La inversión requerida para la introducción de cambios tecnológicos y los gastos de investigación científica son, en el primer caso, una necesidad vital para la supervivencia de la unidad productiva, impuesta por las normas de operación de la sociedad, y en cambio, en el país atrasado, es con frecuencia sólo un capricho exótico, ya que las variaciones de los márgenes de utilidad, que con frecuencia se obtienen por medio de la manipulación de costos y de precios, no demandan el avance técnico. De aquí que el avance técnico del aparato productivo subdesarrollado tenga lugar principalmente por efecto de las nuevas unidades productivas, usualmente explotando nuevas ramas, y no por la modernización del aparato existente.

Por otro lado, la construcción de obras básicas en el caso del país desarrollado es una consecuencia de la combinación del excedente socialmente disponible —a través de las estructuras financieras, en su mayor parte—, de la necesidad de explorar nuevas oportunidades de lucro, de la presión creada por la competencia establecida y de la intensa utilización de las economías externas asociadas a las inversiones básicas.

En el país subdesarrollado, en cambio, el capital se acumula en los contados productores comerciales, usualmente exportadores, grandes comerciantes y financieros, que no se interesan por pequeños negocios y que norman su criterio económico por volúmenes de ganancia y no por el margen de las mismas. Por ello, los canales financieros actúan linealmente, orientados al apoyo de las únicas actividades dinámicas que además dan lo suficiente para que el país como conjunto vaya tirando. Las obras básicas requeridas son las que sirven a las actividades dinámicas, y no las que sirven para crear una economía adicional que incentive nuevas líneas de producción. Su utilidad consiste en disponer de medios para efectuar la producción y extracción de exportaciones. El resto de las actividades en general no demandan por sí mismas nuevas obras básicas, ya que su horizonte de operación es usualmente local —con la notoria excepción del comercio—, dentro de un sistema de precios que ha sido establecido y es manipulado en razón de las condiciones de producción existentes y no para la expansión del sistema.[6]

Estas normas de operación condicionan necesariamente el surgimiento de poderosas influencias que se ejercen sobre el contenido y organización del cuerpo social. En el subdesarrollo surgen tendencias de marcado contenido aristocrático en la cúspide económica, que coexiste con mezclas diversas de inclinaciones laborales por la organización gremial de profusa disgregación y, con frecuencia, con un marcado aislamiento geográfico que colabora a su baja cohesión. El gran peso demográfico de los sectores productivos tradicionales, y el movimiento de entrada y salida de población de este tipo de actividades, matiza fuertemente la organización del cuerpo social. Debe considerarse que la forma de relación del trabajo en la sociedad subdesarrollada es una resultante final de la suma del sistema mundial y de su versión autóctona (habida cuenta de que, en cierta medida, ésta es función de ese sistema mundial). Por ejemplo, la forma de explotación del trabajo en la época colonial era principalmente una resultante de las normas prevalecientes en la metrópoli matizadas por las características locales. Lo mismo, sólo

[6] De lo anterior se deriva lo acertada que es la descripción externa del fenómeno del subdesarrollo que efectúan los teóricos de la causación circular, y, al mismo tiempo, la falacia de los supuestos causales que se postulan como fundamento de sus proposiciones de política del desarrollo.

que un poco más evolucionado, sucede actualmente en el país subdesarrollado, en cuanto a que los factores que determinan la condición laboral son una resultante de las tendencias mundiales y de las características nativas.

Por otra parte, en los sectores que se dedican a la producción comercial es frecuente que los estratos laborales se encuentren en condiciones privilegiadas en relación con el resto de la población, lo cual auspicia un sentido aristocrático en estos núcleos. Ello, además de indicar la magra situación del resto de la población ocupada, es causa adicional de aislamiento, de falta de cohesión en el sector laboral, de corrupción sindical, entre otros efectos.

Todas estas condiciones, apoyadas por una organización política que refleja y propicia estas normas de funcionamiento, influyen poderosamente sobre la dinámica social. La gran masa trabajadora, sujeta además con frecuencia a discriminación racial por parte del estrato dirigente, se encuentra disgregada y en condiciones poco favorables para plantear conflictos sociales, además de que, cuando sucede, está sujeta a brutales represiones. La clase media, usualmente mestiza, de reducida amplitud demográfica y siempre aspirando a "pasar" racial y económicamente por aristócrata, se encuentra permanentemente con los ojos vueltos hacia el poder, y bajo la amenaza constante de retornar a la clase trabajadora.

De aquí la falta de organizaciones, de prácticas en la negociación laboral y en la exigencia de derechos a la participación política o económica, de iniciativa personal y de espíritu de empresa y, todo ello, a pesar de los patéticos intentos de imitación de los logros institucionales alcanzados en otros países. Naturalmente, a estas condiciones corresponde la acumulación de presiones sociales que resultan en brutales explosiones anárquicas de rebeldía y de asonadas sangrientas, que con frecuencia no tienen consecuencias sobre el desarrollo del país, cuando se limitan a sustituir núcleos de dirigentes políticos y a modificar aspectos menores del cuerpo social.

En la superestructura, el subdesarrollo encuentra expresiones culturales características. Las estructuras rectoras —religión, codificación legal, valores— se caracterizan por su orientación a la restricción, al bloqueo, a la negación. Se obstaculizan las funciones sociales dinámicas, ajenas a los intereses de los núcleos dirigentes —o sea, casi todas— con el fin de preservar estático el sistema. También se producen pautas consecuentes con el acontecer del subdesarrollo. Por ejemplo, el folklore abunda porque la vida está limitada a los ámbitos locales, porque existe tiempo para practicarlo, porque responde a utilidades cotidianas, porque se es subdesarrollado. La brujería se practica porque no está presente el médico y porque es una magia más tangible que las religiones semítico-sajonas. Entre los valores prevalecientes, la competencia, el afán de lucro y el interés por el cambio tecnológico tienen reducida ponderación, ya que las condiciones de existencia impiden la práctica de estas virtudes.

A lo largo de la exposición anterior se insinúa la estrecha relación que guardan la historia del país subdesarrollado, la forma como se establecen las relaciones capitalistas con el exterior y las funciones internas de los componentes de la sociedad. La perturbación en la estabilidad de la interdependencia estructural de una sociedad atrasada obviamente puede surgir en el ámbito interno y resolverse en el mismo, pero, igualmente, una parte sustancial de sus funciones dinámicas internas estará determinada por su relación con el exterior. De aquí la necesidad de examinar con detalle el contenido y evolución de esa relación externa, siempre en contraste con la dinámica interna, para conocer el trasfondo del subdesarrollo y su evolución.

3. DINÁMICA DEL ATRASO CAPITALISTA LATINOAMERICANO

Con el fin de apreciar la forma de evolución de algunas características básicas del subdesarrollo, y tomando en consideración el tiempo histórico de esta condición, habremos de examinar los particularidades del acontecer capitalista. Para tal fin, es necesario diferenciar con claridad las etapas peculiares que ha observado la evolución de esta forma de producción.

La primera etapa está constituida por el período en el que prevalece en la economía de los países dominantes una demanda de inversión que supera ampliamente al ahorro generado internamente, creando por ello un marcado desequilibrio entre sus funciones que afecta tanto a la propia sociedad como a los países que domina. Pese a que pueden detectarse subperíodos en los que algunos de los centros capitalistas alcanzan temporalmente la posición de acreedores netos, la característica general que prevalece en los centros hegemónicos en esta etapa es la de requerir mayor inversión que la que permite su ahorro interno.

La segunda etapa se caracteriza por el desequilibrio en sentido contrario de la relación ahorro-inversión, o sea, cuando la metrópoli alcanza un grado tal de expansión que el ahorro excede las necesidades de inversión interna y debe, por tanto, encaminarlo al exterior para solucionar el desajuste que crea dicho fenómeno. Este tipo de perturbación afecta gravemente la relación entre las estructuras productivas y distributivas de la economía, dando lugar a desequilibrios similares a los expuestos en el capítulo anterior.

En el período que se extiende desde la etapa de expansión colonial (a la que corresponde en el tiempo las normas e ideas del mercantilismo), hasta los primeros tiempos del capitalismo industrial, se detecta una creciente demanda de fondos de inversión en Europa para poner en explotación los recursos naturales y demográficos disponibles de ese continente. A este fin debían colaborar, en varias formas y sentidos, las áreas coloniales que, por un lado, representaban mercados para las manufacturas europeas y, por otro, aportaban valor en forma de materias primas y alimentos baratos a través de los medios comerciales y de los mecanismos monetarios, tales como el envío de tributos y de exacciones diversas, la transferencia de fortunas privadas a la metrópoli, etc. Todas estas vías forman, en conjunto, una corriente permanente de financiamiento real que se dirige al país dominante. Como contrapartida, existe la formación de capital inicial en algunas actividades coloniales —minería, ingenios azucareros—, y la inmigración de mano de obra europea, que en todo tiempo fueron, en ambos casos, de reducida dimensión.[7]

Los acontecimientos que tienen lugar en la esfera económica van introduciendo modificaciones en el cuerpo social y en la superestructura de los países metropolitanos. La elevación del ingreso, producida por la intensa actividad económica, va creando bases para una demanda más diversificada, tanto de alimentos como de bienes de consumo en general. Por otro lado, la apertura e intensificación de las relaciones coloniales modifica profundamente el sistema anterior de operación de la economía, no sólo por los cambios que se introducen en el comercio y en las corrientes financieras, sino también por la transformación de las relaciones globales de producción, todo lo cual se traduce en repercusiones sobre las relaciones entre las clases sociales, sobre la operación de las instituciones, y, en fin, sobre los conceptos políticos correspondientes.

En efecto, la gran expansión comercial fue el inicio de la profunda transformación que tuvo lugar en las relaciones económicas, ya que mediante el colonialismo se habían incorporado nuevos recursos y población a la producción y el intercambio mundiales. Además, esta

[7] Una ilustración de la modesta importancia de estos fenómenos consiste en el número de peninsulares que se encontraban en las colonias americanas al final de la dominación, que se estima en menos de 200 000.

incorporación se efectuó con frecuencia imponiendo —o aprovechando— relaciones de producción no capitalistas, por ejemplo, las constituidas por el trabajo servil que creaban una virtual subclase trabajadora en condiciones de ser explotada por y para ventaja de la sociedad colonizadora y de sus representantes nativos.

La influencia de estos y otros factores económicos peculiares de la relación colonial perturbaron profundamente la conformación del cuerpo social y de la superestructura de la sociedad metropolitana. En efecto, se fueron creando elementos culturales que reflejaban directamente la evidencia de que existía esa subclase trabajadora colonial, entre ellos, tal vez el más conspicuo, el de la idea de la superioridad racial europea, que era el equivalente de considerar el bienestar de que gozaba la población producto exclusivo del ingenio y labor local.

También se matizaron los conflictos entre las clases sociales, tanto por la mejoría general de las condiciones de vida en forma desproporcionada a los niveles de actividad (debido al excedente extraído de las colonias), como por el escape que constituía la emigración laboral hacia las áreas coloniales.

Al mismo tiempo que tenían lugar en Europa las transformaciones sociales indicadas, las áreas coloniales estaban sujetas a las formas que tomaban las relaciones internacionales, acordes con los cambios en aquel continente. Así, por ejemplo, al pasar de la etapa de interés puramente mercantil de los descubrimientos y de la fundación de centros periféricos de intercambio comercial, a la de ocupación y explotación directa de los recursos y de la población nativa —a mediados del siglo XVI—, las metrópolis transformaron profundamente las características de sus relaciones con las colonias.

La poderosa presión económica y militar que ejerció España para adosar a su dominio las colonias, determinó en éstas una evolución característica. Por un lado, la imposición de las relaciones coloniales introdujo en las áreas dependientes la orientación de sus principales recursos hacia la producción de bienes para la exportación, la cual habría de dirigirse exclusivamente a la metrópoli. Para iniciar estas actividades, que fueron preponderantemente mineras en una primera etapa y, en una segunda, también de agricultura estacional y ganadería, así como de plantaciones más adelante, se efectuaron inversiones que sólo en una mínima parte fueron financiadas por España. De allí en adelante, casi todas las expansiones al aparato productivo se efectuaron aplicando a esta finalidad parte del excedente creado localmente.

En el inicio de la explotación colonial todo el estrato dirigente estuvo constituido por europeos y sólo posteriormente fueron incorporándose mestizos y nativos, en la medida en que se extendía el mestizaje y las formas de explotación colonial a todo el ámbito de la sociedad. Solamente las comunidades marginadas que por circunstancias geográficas y de organización social habían logrado romper o impedir toda relación económica con el resto de la sociedad pudieron evadir la poderosa influencia del sistema de interacciones formado por la metrópoli y la colonia.[8]

En todos los casos el efecto para la colonia consistió en una brutal extracción del excedente creado y en la imposición de la especialización de la economía en actividades productoras de bienes primarios destinados a la metrópoli. En cambio, el resto de las actividades económicas, o sean las que se dedicaban a la elaboración de productos para la satisfacción del consumo

[8] Esta elevada interdependencia de la producción colonial con las actividades exportadoras fundamenta la tesis de A. G. Frank, acerca de la inexistencia de relaciones feudales en el pasado latinoamericano. Véase en A. G. Frank, *Latin America, decrepit castle with a feudal seeming façade,* Monthly Review, 1963). Sin embargo, la definición de sociedad feudal puede comprender otras categorías, además de la naturaleza de la relación comercial entre colonia y metrópoli, y complicar con ello el planteamiento. Véase *La transición del feudalismo al capitalismo,* M. Dobb y otros autores, Editorial Ciencia Nueva, Madrid, 1967.

interno, mantenían una posición muy secundaria en la economía. Ello se debe, en gran medida, a su limitado campo de acción, ya que se les permitía existir a condición de que su producción no compitiese con los intereses de los productores metropolitanos.

En vista de que estos intereses giraban preferentemente alrededor del comercio y de algunas manufacturas, se establecieron numerosas restricciones a la industrialización y al comercio de la economía dependiente, reduciendo sus perspectivas de crecimiento casi exclusivamente al incremento de las exportaciones de bienes primarios y a la producción de alimentos agropecuarios para uso interno.

En mayor o menor medida, la dinámica social de las colonias fue creando estratos que entraban en conflicto con el resto del sistema, debido a que éste funcionaba bajo tales normas de organización que determinaba una reducida disponibilidad de oportunidades de ocupación y de dirección política para los nativos, además de imponer una violenta explotación de indígenas y esclavos. La búsqueda de soluciones a estos impedimentos desembocaba necesariamente en los proyectos de ruptura de las inflexibles ligas económicas y políticas con la metrópoli, con el fin de intentar la apertura a los mestizos de algunos compartimientos de la economía de los muchos que se mantenían bajo la exclusividad de los peninsulares. Al mismo tiempo, tenían lugar movimientos paralelos de corte popular que planteaban directamente la liberación de la mano de obra. Todo ello culminó con la revolución de independencia.

La primera mitad del siglo pasado, y buena parte de la segunda, se caracterizó por los cambios en la influencia europea, que van desde la desaparición de la presencia española y el gradual aumento de la inglesa, hasta los patéticos y fallidos esfuerzos franceses por practicar la pauta colonial tradicional. A esto se añaden las primeras aperturas de influencia comercial norteamericana, principalmente en forma de exportaciones en la costa atlántica.

En el proceso de cambio del origen y de la forma de las influencias exteriores a que estaba sujeto el continente americano, tuvieron lugar dos evoluciones características. Por un lado, se producían nuevos impulsos internos en el país atrasado, que a su vez activaban ciertas funciones e inducían con ello una dinámica de transformación que afectaba al conjunto de la sociedad. Por otro, la sustitución de las formas de influencia externa auspiciaba el surgimiento de nuevos grupos de poder y la operación de nuevas variables sociales, al mismo tiempo que algunos de los conductos principales de transferencia de impulsos externos, que habían operado durante el período colonial, se iban abandonando. Es de suponer que la multiplicidad de modificaciones habría de afectar tarde o temprano y en algún grado a todos los componentes de la sociedad ex colonial.

Al incrementarse la influencia inglesa, cuando el Imperio logró la hegemonía económica (desde mediados del siglo XIX), las relaciones comerciales se intensificaron y absorbieron cada vez más países en la esfera comercial-productiva creada por la economía moderna, provocando con ello dos efectos principales. El primero: al ser incorporada una economía a las nuevas relaciones comerciales, se inicia un gran auge interno en la nación dependiente, ya que se amplía súbitamente el campo de las exportaciones bajo condiciones de precios particularmente favorables. El segundo, y como consecuencia de esa incorporación: se incrementan las inversiones en obras básicas y con ello la actividad económica general, el ingreso y la disponibilidad de divisas, mismas que son dedicadas a la adquisición de abundantes bienes manufacturados, generalmente novedosos, tanto para fines de formación de capital como para el consumo. En general, estos bienes son más baratos que los nacionales, cuando los hay, y usualmente de mejor calidad, todo lo cual es de elevada importancia en la determinación de las pautas inmediatas y futuras de funcionamiento de la economía.

Esta apertura a la abundancia relativa lleva en sí

misma la condición que auspicia las presiones favorables al subdesarrollo, las que se habían debilitado correlativamente con el cambio de la relación externa durante los primeros años de la etapa independiente. En efecto, el auge del sector externo introduce las condiciones para que sobrevenga la invasión de importaciones de bienes manufacturados, que por precio y calidad —apoyados por eventuales prácticas comerciales de control del mercado y en casos extremos por agresiones militares— destruyen parte de la precaria industria que había logrado sobrevivir y progresar, e impiden los intentos de creación de nuevas actividades manufactureras. De esta manera, las neocolonias son ajustadas de nuevo a su papel secular de ser consumidoras de importaciones industriales y productoras especializadas de bienes primarios y de alimentos no elaborados para la exportación, todo ello gracias al auge temporal de las ventas al exterior.

Los ajustes del cuerpo social y de la superestructura de la neocolonia a la nueva pauta corresponden plenamente a la elevada especialización del sistema productivo y al auge inicial creado por la incorporación del país a los beneficios de la nueva dependencia externa. Los núcleos de propietarios de la tierra, de comerciantes y, en etapas posteriores, de administradores públicos y financieros, constituyen la cúspide de la pirámide social cuyos intereses económicos y culturales se encuentran cada vez más identificados con los de la metrópoli.[9] Con frecuencia, las actividades productivas más ricas del país, o sean las dedicadas a las exportaciones, son manejadas directamente por extranjeros, pero, sea o no el caso, surge una estructura de poder y de organización acorde con la orientación preferente del sistema hacia el exterior. La mayor parte de los beneficios que quedan en el país dependiente se con-

[9] En esa etapa de la historia del atraso, el estrato militar, que eventualmente puede desempeñar papeles autónomos, se mantiene como fiel servidor de los intereses más poderosos, o sean los de los exportadores.

centran en la cúspide social, aun cuando también se trasmite el auge del ingreso y del consumo a la mayoría de la población.

La abundancia económica inicial explica en gran medida la elevada docilidad del conjunto de la población, por lo menos al principio de esta transformación, para aceptar las nuevas disposiciones económicas. En la amplitud del período de docilidad de la población influye definitivamente el grado en que se destruyen las pautas tradicionales de vida a través de la migración, del cambio ocupacional, de las nuevas pautas de consumo y de los cambios en las normas de organización familiar, que puede marcar a toda una generación con una pasividad casi contemplativa, que se origina en la comparación de la situación personal del individuo antes y después del auge.

La operación abierta de la economía que se implantó con la nueva pauta de relación con el polo de dependencia, no sólo se debió a una exigencia metropolitana sino que, en general, fue adoptada con gran entusiasmo por los países dependientes debido a sus ventajas inmediatas, si bien la norma de operación abierta también implicaba que la incidencia de los acontecimientos del mundo externo sobre la economía era directa sin ningún amortiguador. Esto opera igual en todas las circunstancias, lo que supone que en la etapa inicial de auge el país atrasado pudo gozar plenamente de éste sin necesidad de reservar excedentes para otras funciones económicas que no fueran las de un abundante y dispendioso consumo inmediato. Dentro de este consumo, aparecen volúmenes crecientes de importaciones, sobre todo de bienes no esenciales que fluyeron sin límites, dando con ello el tono de alegre derroche al período de incorporación del país a las corrientes modernas del intercambio.

En las etapas de crisis exterior, la variación de las exportaciones generalmente se trasmitía al conjunto de la economía como un efecto depresivo a través de la reducción del ingreso de los exportadores y, de aquí, a la ocupación de trabajadores que laboraban directamente en estas actividades y a su respectivo ingreso. Todo ello repercutía de inmediato sobre el resto del sistema económico al disminuirse las compras internas de productos de otros sectores por la contracción del ingreso asociado al exterior, lo que era de elevada importancia en vista de que las actividades exportadoras se habían convertido en el eje de la economía. No menos importante es el hecho de que las variables monetarias se encontraban cada vez más determinadas por esas actividades. De aquí que los cambios externos, en cualquier sentido que tuvieran lugar, condicionaran efectos inmediatos en todo el resto de la economía dependiente.

En la etapa de auge, los flujos y prácticas comerciales que imponía la especialización internacional a la economía dependiente la colocaba en la situación más inadecuada con respecto a las posibilidades de crear una economía nacional. Este proyecto, que habría de efectuarse mediante la diversificación de las actividades productivas, quedó frustrado por la forma de operación del sistema económico central y, en la medida en que tuvo lugar esa frustración, también se reforzó la vitalidad de estructuras sociales, políticas y culturales que favorecían el mantenimiento de las relaciones de dependencia con la metrópoli, lo que equivale a auspiciar y favorecer los factores que determinan el atraso del país. Las fuentes del subdesarrollo en las épocas de prosperidad externa se encuentran, de esta manera, en la forma interna en que la sociedad atrasada acepta las relaciones que inevitablemente operan en el ámbito de funcionamiento del sistema capitalista.

En los períodos de contracción el país dependiente procuraba soluciones a la peligrosa reducción de la actividad económica, mediante el impulso de la producción interna que inevitablemente culminaba con la necesidad de industrializarse. La creación de una industria nacional chocaba con los intereses de la metrópoli manufacturera que siempre están apoyados por las armas, y con la resistencia de los estratos internos identificados con esos intereses, o sean, la mayoría de los exportadores, los administradores de la política liberal, comerciantes, financieros, así como amplios sectores de la clase media que tenían la virtud de confundir, con frecuencia, los valores morales con los intereses económicos. Debido a esta abundancia de resistencias internas y externas, el proyecto de creación de una economía nacional en torno a la erección de una industria propia se radicaliza y, para lograr sus propósitos, debe renovar partes de la estructura social y remover el aparato político con el fin de efectuar los pasos necesarios para poder aplicar las medidas de solución al atraso.

De esta manera, en el período recesivo —si de suficiente amplitud y profundidad— surgía como reacción a la crisis y como solución vital, la estrategia global de intentar la erección de la economía nacional. Sin embargo, la tarea era formidable por cuanto planteaba la lucha con el poderoso exterior que precisamente en esa etapa necesitaba con mayor urgencia del apoyo de sus actividades productivas y, por tanto, de su demanda externa. A ello se sumaba la resistencia de los sectores internos cuyas preocupaciones estaban ligadas a las exportaciones, que veían peligrar sus intereses económicos —por efecto de la elevación inevitable de los costos de producción— y sentían que se debilitaba su hegemonía política. A estos serios obstáculos se añade la debilidad interna del sistema productivo y de consumo. Con frecuencia el país estaba incapacitado para dedicar parte del producto creado a la formación del capital básico indispensable, debido a que su especialización internacional determinaba que el excedente se produjese en forma de bienes primarios para exportación —que decaía en el período de crisis— y no en los bienes de capital que habría de requerir en esta nueva etapa. El problema de formar el capital básico era el primer obstáculo que debía resolver el país en su camino de eliminación del subdesarrollo.

La posibilidad de crear un ámbito económico nacional que permita la expansión de las fuerzas internas, y que libere al sistema de la dependencia colonial —moderna o antigua—, se transforma en la aspiración más importante del país. Las metas inmediatas consisten en la creación de los medios idóneos para lograr estas finalidades. Esto es, la industrialización y la derrota del exterior, así como el desplazamiento de estratos identificados con esos intereses, se convierten en las metas vitales para la salvación nacional. Para que este proyecto sea posible, se requiere que suceda, simultáneamente, la expansión de la producción agrícola y la creación de obras básicas de infraestructura, por difícil que esto sea.

Como consecuencia inevitable de este ambicioso proyecto, era de preverse el violento combate que trabaría la metrópoli en contra de estos intentos de industrialización. Esta causa se convierte, para el polo hegemónico, en cuestión vital para lograr la conservación de los mecanismos coloniales de operación, mantener su forma secular de crecimiento y la manera de obtener su bienestar económico. Para impedir la pérdida de la colonia se utilizan todos los medios necesarios que van desde la práctica comercial tradicional, consistente en efectuar guerras de precios a las manufacturas elaboradas en las áreas dependientes, hasta presiones diplomáticas y militares, con el fin de impedir la erección de obstáculos arancelarios, la aplicación de prohibiciones al comercio o la afectación de los intereses metropolitanos ubicados en el país disidente. Todo ello a nombre de la democracia, de la libertad, del cristianismo y de la cultura.

La relación entre la metrópoli y la sociedad atrasada es muy sensible a las variaciones de la economía desarrollada. Esta elevada sensibilidad se ilustra en la dinámica de la propia dependencia, ya que guarda una clara relación con las fluctuaciones derivadas del sector externo, esto es, tiende a crecer en los períodos de bienestar y a ponerse en entredicho en los momentos depresivos, lo que en uno y otro caso repercute profundamente en las condiciones del desarrollo y del subdesarrollo.

Un aspecto de gran importancia que se desprende del carácter de esa relación externa consiste en la deformación de la dinámica de las clases sociales, producto del desmembramiento que de hecho ocurre en el sistema social conjunto, formado por la metrópoli y las áreas dependientes, en dos partes que en cierta manera se especializan y complementan: una dedicada a la elaboración preferente de materias primas y que es fuente de excedentes productivos; otra, que se dedica a la producción de manufacturas de toda especie y que es la receptora de los excedentes. De aquí que la evolución del cuerpo social conjunto, que se produce por efecto de la dinámica y solución de los conflictos sociales (y que son el fundamento del desarrollo de la sociedad), tiende a concentrarse en los sectores más complejos, o sean los relacionados con las manufacturas, los cuales se encuentran precisamente en la metrópoli. En la existencia de una elevada sensibilidad al conflicto social influye poderosamente la mayor vulnerabilidad del sector manufacturero y de servicios ante variaciones de ingresos o de ocupación.

En cambio, los sectores dedicados a las actividades primarias —y ello es aplicable a países que funcionan de hecho como parte de los sectores primarios de un sistema mundial de producción— operan dentro de normas más simplificadas socialmente, que se expresan en gran medida en la menor especialización interna del trabajo y en una estratificación social más rígida. Ello, junto con la posibilidad de recurrir con frecuencia al autoconsumo y, en épocas recientes, también a la migración hacia los centros urbanos, permite diluir el conflicto social, ya que se efectúa la concentración de los efectos negativos en los sectores que están más incapacitados para reaccionar y, por ello, constituyen un enorme amortiguador de perturbaciones.

La moderación o docilidad colonial desplaza sensiblemente la capacidad de evolución del sistema atrasado hacia el polo de dependencia al reducir la frecuencia del conflicto, limitar su magnitud y deformar su expresión y su posibilidad de solución. Dentro de esta deformación, debe resaltarse el hecho de que el conflicto puede convertirse fácilmente en explosión incontrolada en la sociedad atrasada y tener efectos múltiples de orden político, mas, con frecuencia, sin transformar las normas de funcionamiento del conjunto del sistema.

Esta proposición de ninguna forma implica que el conflicto social que surge en la sociedad atrasada desaparece sin más trascendencia, sino, más bien, que su efecto positivo sobre la dinámica del país se reduce sensiblemente y que tal vez se acentúa, por consecuencia, en la otra parte del sistema total o sea en el país adelantado. Éste no sólo registra mayor número de conflictos, sino que también se encuentra en mejores condiciones para responder económica y políticamente a su solución.

De esta manera, existe una tendencia a las áreas dependientes a perder elementos de transformación social que podrían acelerar los mecanismos de cambio y evolución, la tendencia a la inercia que esto provoca —contrastada con las explosiones estériles— contribuye a deformar radicalmente la dinámica del cuerpo social y de la superestructura, determinando con ello la presencia y operación de muchos de los ingredientes del subdesarrollo.

Entre los factores notables del subdesarrollo se encuentran actitudes que para algunos autores son causas de este estado, por lo que para ellos su eliminación constituye la meta cuyo logro habrá de auspiciar el cambio que resuelva este síndrome social. Así, por ejemplo, la resistencia de la población atrasada a la adopción de técnicas modernas, la ineficiencia administrativa, la venalidad de funcionarios, el desprecio de la clase media por las actividades manuales y otros aspectos derivados de la situación subdesarrollada, se proponen algunas veces como las modificaciones que abrirán las puertas del desarrollo.[10] Sin embargo, éstas son en gran medida sólo consecuencias lamentables de las peculiaridades del subdesarrollo que necesariamente está presente en todos los compartimientos de la sociedad atrasada.

Naturalmente que, al cambiar la pauta de evolución y de funcionamiento del polo de dependencia, en las áreas subdesarrolladas se modifica tanto el tipo y formas de influencia que recibe como las reacciones que sufre. De igual manera, al modificarse las características del área dependiente, ya sea que se cierre a las influencias del polo capitalista o que rompa de golpe las formas de relación secular, o ya sea que evolucione internamente, se cambiará todo el complejo sistema de interdependencias previas y afectará en algún grado al polo de dependencia.

Durante la etapa de predominio de la influencia inglesa sobre América Latina —1850 a 1900—, su pauta de operación fue principalmente comercial —venta de manufacturas y compra de bienes primarios— apoyada en poderosos mecanismos financieros. La madurez del sistema capitalista inglés de ese período no sólo permitía, sino que exigía, la exportación de capitales para sostener el crecimiento de las ventas de manufacturas y la expansión de toda su economía. Colocaba empréstitos abundantes y en condiciones generosas en comparación a las normas financieras internacionales de entonces y de ahora, y efectuaba inversiones directas cuando era necesario, ya fuese para acondicionar la infraestructura económica, ya para producir materias básicas de exportación. Usualmente implantaba un estimulante sistema circular de operación con el país de expansión que consistía en la venta de manufacturas, con frecuencia con base en empréstitos también ingleses, adquiría bienes primarios para su industria y también ocasionalmen-

[10] Véase, por ejemplo, E. Hagen, *On the theory of social change,* The Dorsey Press, 1962. También la crítica acertada y feroz a estas corrientes hecha por A. G. Frank, en "Sociología del desarrollo, y subdesarrollo de la sociología", *Desarrollo Indoamericano,* núms. 9 y 10, Bogotá, Colombia, 1969.

te emprendía su producción —sobre todo en el caso de minerales—, introducía un aparato financiero para el manejo de sus negocios y procuraba controlar el comercio exterior por medio de casas comerciales de súbditos británicos.

El conjunto de la política económica externa de Inglaterra se orientaba, en última instancia, a asegurar la exportación de manufacturas y a disponer de fuentes de materias primas, lo cual se efectuaba no sin fuertes fluctuaciones cíclicas. A esta finalidad se dirigía la operación de todos los instrumentos disponibles, ya fueran comerciales, financieros, consulares, diplomáticos y bélicos, los que eran esgrimidos en diversa intensidad y forma de acuerdo con el estado de los negocios de la metrópoli, lo cual imprimía una gran inestabilidad a los asuntos económicos de los países periféricos.

Con el cambio de polo de hegemonía mundial que gradualmente tuvo lugar desde finales del siglo pasado, al consolidar Norteamérica su expansión interna, cambiaron de nuevo las formas peculiares de operación capitalista. Ello se debió, entre otras razones, al hecho de que este país recién emergido de un proceso de crecimiento interno que se había caracterizado por haberse efectuado dentro de una inclinación por integrar verticalmente la producción, por requerir ahorro externo y por mantener poderosas protecciones a sus actividades. A diferencia del polo anterior, cuya característica principal era el sostener relaciones externas de orden comercial y de ser una economía exportadora de capitales, éste ejercía su influencia principal en los procesos productivos del país atrasado y se caracterizaba por demandar grandes volúmenes de capital para su expansión.

Para el mundo del subdesarrollo, este cambio radical hubo de producir serias alteraciones internas, dentro de un largo porceso de adaptación a las nuevas normas vigentes. La economía norteamericana continuaba de todas formas ocupada en su crecimiento interno, a cuyo objeto colaboraba la disponibilidad complementaria de materias primas externas, mientras que la venta de manufacturas cumplía en esa etapa un interés comercial marginal en relación a la demanda nacional de estos bienes. Por lo mismo, la economía colonial cumplía el papel de ser principalmente un apéndice para la producción de bienes primarios, con frecuencia mediante inversiones directas norteamericanas. Esta pauta expresaba el carácter de la economía en el polo hegemónico en ese período, preocupado como estaba por integrar verticalmente los procesos productivos, por lo que la relación económica para el país atrasado se planteaba más como sujeción que en términos mercantiles.

Al mismo tiempo, del lado de los países atrasados el período de expansión asociado principalmente al crecimiento británico había dejado la herencia de complejos cambios internos de todo tipo. Se habían generado ricas actividades exportadoras y también numerosas producciones de interés interno mediante una formación de capital sin paralelo hasta entonces. El incremento del ingreso y del bienestar general de la población había inducido el crecimiento de ésta, mientras que las nuevas actividades produjeron una transformación en las relaciones sociales, dando lugar al simultáneo surgimiento de estratos empresariales y laborales. En fin, la urbanización había avanzado considerablemente y con ella las múltiples funciones citadinas de la época moderna, entre ellas, la concentración de la demanda y de las actividades manufactureras y de servicios, la germinación de la clase media, la creación de crecientes contrastes en los niveles de vida con respecto o los rurales, entre otros.

De esta manera, en el período de transición de polo, estaban dadas las condiciones internas y externas para que la influencia ejercida sobre los países atrasados tuviese consecuencias diferentes.

Al término de la primera guerra mundial, una vez establecida definitivamente la hegemonía norteamericana, se hizo evidente que las nuevas normas de operación se caracterizaban, para los países atrasados, por la posibilidad de vender abundantes exportaciones de bienes primarios, en ocasiones producidos por empresas creadas por inversiones directas del exterior, dentro de sólidas tendencias a la reducción de precios de estos bienes. Además, se practicaba una feroz competencia en el campo de las manufacturas y se sustituía el característico trato comercial británico por la intervención directa norteamericana.

Las presiones de grupos disidentes de la pauta tradicional —clase media, pequeños empresarios agrícolas, empresarios industriales— iban induciendo la creación de un proyecto de economía nacional antitético a la forma de evolución secular en torno exclusivamente de las actividades exportadoras. Los años de recesión alimentaban los deseos de implantar cambios, y los de auge hacían retroceder, por vía del bienestar, esta necesidad de transformación social.

Dentro de esta atmósfera, pero con gran diversidad en el grado de agudización de las aspiraciones nacionalistas y de las maneras de plantearse, los países latinoamericanos fueron brutalmente confrontados con la desquiciante crisis de la economía norteamericana. Ante este hecho, los proyectos nacionalistas se aceleraron en algunos casos, en otros se anquilosaron y en algunos más se abandonaron del todo. En cualquier caso, lo que es necesario destacar es que el camino seguido fue siempre una resultante de la dinámica nacional y de las influencias exteriores, todo lo cual a su vez determinó nuevas funciones y rumbos en los acontecimientos sociales. Así, las aperturas nacionalistas y los esfuerzos por emprender un desarrollo autónomo se derivan igualmente de esa conjunción de elementos, los que en este período fueron antagónicos y por ende fueron reacciones a los brutales efectos de la crisis. De aquí que fuese inevitable el planteamiento disidente del mundo atrasado con respecto a las pautas del centro hegemónico.

El advenimiento de la guerra vino a determinar cambios profundos en los Estados Unidos, al auspiciar una acelerada expansión económica que llegó a modificar el carácter de su sistema productivo, así como el uso predominante de su capacidad en atender las necesidades bélicas. Esta última peculiaridad se traducía en condiciones particularmente favorables a la industrialización de los países atrasados al coincidir el rápido crecimiento de las exportaciones con la incapacidad del mundo adelantado para inundar a esas economías con bienes competitivos. Así, en varios países latinoamericanos tuvo lugar en ese lapso un avance incontenible del crecimiento industrial, acompañado en algunos casos de crecimientos paralelos en los sectores primarios y terciarios.

En la posguerra todo parecía indicar que los años de auge habían terminado y que se renovaba la relación tradicional entre el mundo atrasado y el centro de expansión. Sin embargo, habían cambiado numerosas características en cada uno de los participantes de esta relación, lo que inevitablemente daba como resultado una versión necesariamente diferente de dicha relación. Por un lado, los Estados Unidos habían salido de la guerra con una enorme capacidad instalada en todos los sectores de su economía que era indispensable utilizar, ya que de otra forma se produciría una peligrosa recesión. Por otro, y en estrecha relación con la condición de exceso de capacidad instalada, se había convertido dicho país en exportador de ahorro, a diferencia de su carácter anterior. A su vez, los países latinoamericanos, sobre todo los que habían avanzado por el camino de la industrialización, se encontraban con una economía más compleja, con una población mayor que exigía el sostenimiento de su bienestar y con estructuras de clase y políticas que planteaban conflictos que no podían resolverse dentro de los sencillos esquemas que se manejaban pocos años atrás.

La conjunción de nuevas influencias externas, que se convertían en crecientes inversiones directas y en la trasmisión de los ciclos norteamericanos no sólo por vía de la variación de la demanda de exportaciones latinoamericanas, sino también a través de variables financieras, en combinación con la nueva atmósfera que prevalecía en los países de la región, dio lugar a la apertura presente. Ésta, que de hecho se inicia a partir de la mitad del siglo, tiene nuevas consecuencias en lo que hace al subdesarrollo.

La apertura tomó su carácter actual de manera gradual, dentro de un proceso de ajuste mutuo pero con repercusiones diferentes a las del pasado. Se aceleró el proceso de industrialización en gran parte por efecto de la afluencia de inversiones directas. Al mismo tiempo se fueron incorporando avances tecnológicos a la producción agrícola e incluso se introdujeron algunos cambios en la organización de la producción, lo que, en conjunción con la elevación de las exportaciones, dio base al mejoramiento del bienestar en cierto grado, todo ello en correspondencia con un nivel más elevado de actividad económica, de servicios sociales, de consumo y de formación de capital.

Aun cuando este proceso lleva 20 años en ejercicio, la dinámica de las variables internas de los países latinoamericanos rebasó las limitaciones del esquema de crecimiento, en parte por la dimensión misma que iban alcanzando las economías y las poblaciones, pero sobre todo porque la funcionalidad propia determinaba exigencias de bienestar y de cambio que las normas de operación no permiten satisfacer. El crecimiento se transformó en el único apaciguador interno, siempre de carácter temporal y bajo la amenaza de las recesiones. Esto llevaba inevitablemente a los estratos gobernantes a procurar un crecimiento a ultranza, o sea con una asociación creciente con el exterior y a costa de las deformaciones necesarias, en combinación con la aplicación de controles políticos estrictos, ya que la misma circunstancia existente y los nexos de la economía con el polo hegemónico reducían el margen de maniobra para procurar caminos alternos de funcionamiento a la economía.

Por consecuencia, a las recesiones externas corresponderán violentos conflictos sociales en los países atrasados dentro de una tendencia a la gradual rigidez en el manejo de los asuntos políticos, lo cual da lugar a subsecuente violencia y al surgimiento de regímenes dictatoriales. Se establece, así, un crudo paralelismo entre los acontecimientos más dramáticos de Latinoamérica y las fluctuaciones de la economía latinoamericana.

Mientras tanto, del lado del subdesarrollo, los países alcanzaban niveles crecientes de disponibilidad de satisfactores, y de deformación funcional, en un proceso de cambios. Se transformaban correlativamente las condiciones de vida en casi todos los núcleos de las sociedades atrasadas; se mejoraban las perspectivas de salud, alimentación, educación y habitación; tenía lugar una acelerada urbanización. Avanzaba al mismo tiempo el subdesarrollo.

4. DESARROLLO Y ANTIDESARROLLO CAPITALISTAS

El esquema anterior sugiere que, dentro del sistema de interdependencias internas de las sociedades atrasadas y bajo las condiciones de relaciones capitalistas, han tenido lugar circunstancias históricas favorables para abandonar el subdesarrollo. También se desprende de este cuadro que esas circunstancias fueron sucedidas por intensos auges, recesiones y cambios del polo de hegemonía que excitaron poderosas fuerzas internas alimentadoras de esta condición.

Se deriva que la dinámica del subdesarrollo encuentra su origen y explicación en la forma de operación del conjunto de interdependencias de la sociedad atrasada con respecto a los polos de hegemonía mundial y las consecuencias que aquéllas tienen sobre las formas de funcionamiento internas. Por ello, así como el subdesarrollo se origina en la interdependencia con la esfera externa, igualmente se alimenta en las formas de funcionamiento interno de la sociedad atrasada.

Pero es necesario examinar también los proyectos más importantes que se han elaborado para la solución del subdesarrollo con el fin de apreciar debidamente la magnitud de las tareas que implican y su viabilidad. De hecho, estos proyectos se dirigen hacia la creación de un desarrollo interno relativamente autónomo que sea la base para practicar una defensa positiva en contra de las tendencias favorables al atraso, ya sean ajenas o propias.

El intento de emprender un desarrollo autónomo interno, por un país que funciona dentro de formas de producción capitalista, plantea necesariamente la exigencia de clausurar temporalmente algunos compartimientos de la economía al contacto externo para convertirlos en el eje de la necesaria expansión económica, lo que eventualmente habría de sustentar un complejo desarrollo nacional. Su éxito depende no sólo de la consolidación de fuerzas internas que apoyen la aventura de crear actividades nuevas en contradicción con los poderosos intereses externos e internos, sino también de la circunstancia histórica mundial del capitalismo. El proyecto supone que el país se apartará por un tiempo de las corrientes económicas seculares, mas retornará, una vez fortalecida su estructura productiva, reincorporándose a dichas corrientes con un nivel competitivo y de igualdad, a diferencia de la sujeción económica previa.

De aquí que si el polo de expansión capitalista se encuentra en el período de construcción interna, caracterizado por tener necesidades de inversión superiores a su ahorro interno, será viable el proyecto emprendido por la nación dependiente consistente en crear una economía nacional, pero siempre y cuando tenga éxito en su lucha contra la sujeción metropolitana. En cambio, si la metrópoli ha rebasado ese período, el proyecto de implantar un nacionalismo económico de orden capitalista puede perder sentido, ya que éste tiene significado en tanto es expresión del conflicto y de la competencia entre las burguesías nacionales y metropolitanas y en tanto ese conflicto puede resolverse dentro de las condiciones de operación del capitalismo. Cuando dicha competencia entre burguesías no existe más debido a que la nueva forma de operación del capitalismo elimina de su esencia el enfrentamiento —que corresponde a la etapa de necesidad de capital— y pasa a contener una tendencia a la identificación —que corresponde al período de exceso de capacidad de inversión—, tiene sentido la hegemonía burguesa, pero sin distinción de nacionalidad. Por ello, el nacionalismo capitalista pierde razón de ser en estas nuevas circunstancias.

Otra posibilidad para el país atrasado capitalista podría consistir en intentar el cambio radical de la estructura interna, al grado que, aun cuando la sociedad dependiente continúe teniendo nexos con el sistema capitalista, los impulsos que reciba los traduzca en fuerzas positivas para su desarrollo y no en las que provocan presiones para crear una sociedad subdesarrollada tradicional. Tal podría ser el caso de una transformación de una sociedad que pasa de un sistema de empresas privadas a uno de operación cooperativa con fuerte participación pública, por ejemplo. Con ello, la modificación de las formas de contacto con el exterior, incluyendo los canales de relación con esa esfera, serían totalmente remodelados, al igual que el cuerpo social y la superestructura correspondientes. Es obvio que el beneplácito metropolitano por este proyecto será difícil de lograr, puesto que el cambio de vínculos afectará profundamente al polo de dependencia, aun sin que se rompa del todo el sistema general. A ello se añaden las limitaciones en el margen de maniobra del polo de hegemonía, todo lo cual condiciona que la respuesta al proyecto sea de repulsa violenta antes que de aprobación entusiasta.[11]

Un ejemplo parecido, pero de carácter regresivo, consiste en el intento de marginarse del medio comercial

[11] La brutal represión de intentos de simple liberalización, que ni lejanamente contenían proyectos de disidencia imperial, como en el caso de la invasión norteamericana a la República Dominicana (1965), muestra la inviabilidad actual de la evolución autónoma capitalista.

a la manera de la práctica de algunas comunidades autóctonas ante la incapacidad de conciliar, dentro de su cuerpo social y superestructura, las violentas presiones del mundo externo. Mediante este procedimiento se elimina la incidencia de las relaciones de precios, que son los principales vínculos de sujeción, ya que la producción se destina preferentemente para el propio uso por la comunidad y el valor creado surge y se consume en el ámbito familiar y, cuando más, en el ámbito comunal. Llevada a nivel nacional, esta clausura de relaciones con el exterior significaría en la actual etapa histórica un brutal retroceso material, social y cultural, que difícilmente podría aceptar la población por mucho tiempo.

Otra forma de aislar y evitar la incidencia de los mecanismos del subdesarrollo es en cierta forma similar al caso anterior, pero ahora se trata de un planteamiento progresista. Consiste en la modificación profunda de las relaciones de producción, de las características del cuerpo social y de la superestructura, sustituyendo de raíz las formas capitalistas de producción y planteando el control de las transacciones comerciales con el resto del mundo en función de las necesidades vitales de la sociedad, o sea, procurando establecer las condiciones más favorables para el desarrollo. De esta manera, la sociedad puede evadir los mecanismos tradicionales de relaciones internas y externas capitalistas que condicionan las diversas fuerzas que operan en favor de la persistencia y avance del subdesarrollo. La estrategia de este camino exige múltiples modificaciones: la ruptura de los mecanismos seculares de las relaciones mercantiles externas que constituyen canales principales de trasmisión de poderosos impulsos favorables al subdesarrollo; la modificación de las formas de producción y de organización social, con la mira de alterar las pautas propicias al atraso; el diseño de la norma técnica de la producción más conveniente; el cambio en la manera de efectuar las decisiones sociales; el control del origen y del uso del excedente económico, entre otras cuestiones a transformar. Pero este proyecto consiste en la sustitución total de las relaciones capitalistas de operación.

De la exposición anterior se desprende que, dentro de las pautas de funcionamiento actual del capitalismo, el subdesarrollo no tiene solución de fondo. Esto, que se deriva de la forma de operación interna de las sociedades atrasadas y de las influencias externas a que están sujetas, de ninguna manera implica que no puedan tener lugar elevaciones sustanciales de los ingresos y de los consumos, fastuosas urbanizaciones, construcción de ostentosas obras públicas y considerables avances educativos, sanitarios, etc. Lo único que implica es que las sociedades subdesarrolladas irán internándose cada vez más en esta condición, lo cual puede suponer también una permanente mejora cuantitativa y cualitativa. El subdesarrollo de hoy, por miserable que sea, tiene indudables perspectivas de aliviar algunas de sus deficiencias, en cuanto a satisfactores materiales se refiere, y agravar muchas otras en lo que hace a las relaciones entre los países y los hombres.

En este sentido dinámico, se explica el que la brecha entre países desarrollados y atrasados inevitablemente se amplíe cada vez más. Una evolución diferente sólo sería imaginable en la medida en que el sistema capitalista dejara de serlo y esto plantea interrogantes vitales y disyuntivas contradictorias a la viabilidad del desarrollo de los países atrasados. Por un lado, se tiene la opción puertorriqueña, que consiste en mantener la mayor pasividad económica y social posible con el fin de que la sociedad subdesarrollada sea más fácilmente arrastrada por la dinámica del polo hegemónico y gozar de esta manera de mayores beneficios; por otro lado, se plantea la ruptura de los vínculos capitalistas y el sacrificio temporal del bienestar para abandonar el subdesarrollo, en vez de luchar batallas imposibles con la pretensión de vencerlo.

Sabemos que el dinamismo del subdesarrollo es sólo el resultado anverso del funcionamiento capitalista. No se trata de un síndrome social que es curable mediante acciones específicas. No es tampoco el resultado de condiciones atmosféricas o de antecedentes raciales o de círculos viciosos. Ni siquiera es un subproducto del crecimiento capitalista. El subdesarrollo es la condición necesaria para que tenga lugar el desarrollo capitalista, al igual que el lucro, la apropiación privada de parte del valor creado o el intercambio de mercancías.

Por lo mismo, el subdesarrollo cambia su forma de operación en respuesta a la evolución del sistema de producción prevaleciente y de las normas en el uso del valor que caracterizan al sistema capitalista.

Dentro del contexto conceptual que hemos asignado a los términos, y en relación al conocimiento actual de los fenómenos sociales y de su dinámica, el estado de atraso debe calificarse como la antinomia inevitable del crecimiento de centros hegemónicos capitalistas. De hecho, el subdesarrollo de las sociedades atrasadas es el antidesarrollo capitalista.

V

INTERPRETACIÓN HISTÓRICA DEL SUBDESARROLLO LATINOAMERICANO

1. LAS COLONIAS Y EL DESARROLLO DE ESPAÑA

Los primeros vestigios del subdesarrollo latinoamericano encuentran su origen en la situación que regía en España en la etapa de los grandes descubrimientos y de la apertura colonizadora. Examinemos brevemente la forma como sucedió esta formidable expansión del mundo y las consecuencias que tuvo sobre el desarrollo hispánico.

Numerosos son los factores circunstanciales que contribuyeron a determinar esas descomunales empresas, tales como los poderosos impulsos guerreros ibéricos que de pronto quedaron sin tareas a emprender, una vez ganada la batalla de siete siglos sostenida contra el árabe; o el carácter "aventurero" que se atribuye al español de esa época; o el ansia de lucro que empujaba a emprender osadas exploraciones de rutas a Oriente que evitaran el bloqueo árabe; o la súbita disponibilidad de hombres sin ligas, excelentes candidatos a aventureros, entrenados en la ceñuda persecución de árabes y judíos y en el rescate de sus bienes.

Es indudable que muchas condiciones coyunturales como las mencionadas influyeron poderosamente en condicionar el impulso para emprender las exploraciones y conquistas, pero sin duda operaron también factores importantes que incluso pueden haber sido el origen de esas circunstancias.

En efecto, en esa etapa surgieron un conjunto de particularidades que operaron sobre la evolución de Europa. Por un lado, se había renovado el comercio internacional gracias a los avances de la navegación y por efecto de la gradual modificación capitalista de las economías feudales. El mercantilismo, practicado por las ciudades-Estado italianas así como por Barcelona, en el siglo XV se convertía en la aspiración económica de los estados europeos.

Además, la prolongada guerra ibérica de reconquista contra los árabes había conformado transformaciones internas acumulativas de gran importancia para inducir la cohesión social hispánica. De aquí que sea posible afirmar que la España de mediados del siglo XV era la primera sociedad europea importante que lograba la integración nacional en el orden político, administrativo y económico, la cual era en esa etapa la condición preliminar para evolucionar del feudalismo hacia el capitalismo.

Existen claros indicios de la existencia de elementos favorables a la expansión en la península ibérica, sobre todo a finales del siglo XV. Uno de esos indicios consiste en la manera nacional como se emprenden las acciones contra los árabes, tanto en la península como en el norte de África, a diferencia de otras cruzadas paneuropeas de este tipo, auspiciadas por el papado. Esta esencia nacional, que constituye en esa época uno de los elementos cohesivos de mayor importancia para inducir la integración de funciones productivas que romperán el estrecho mundo feudal y para reducir la preponderancia de las ideas mercantilistas, es uno de los productos de la lucha contra el mundo árabe. En efecto, el hecho de que la cruzada ibérica se basaba en el rescate de bienes y de tierras que eran incorporados a la economía cristiana, constituye la principal diferencia con la manera característica de expansión del período medieval. En la versión hispánica, la guerra culminaba con la ocupación de territorios que se ponían bajo explotación, dirigiendo de esta manera el acento principal de la expansión a las finalidades productivas más que a las mercantiles.

Así, la colonización emprendida por Portugal mediante la ocupación de Ceuta, en el norte de África, en 1415, seguida por la ocupación de Madeira y Porto Santo (1420), de las Azores (1445) y de la Gran Canaria (1448), encuentra su equivalente en la propia península con la ocupación hispánica de territorios árabes. Este proceso de expansión lo encamina Portugal desde entonces a la acción mercantil, que habrá de culminar en el curso del siglo XVI. Es posible que la opción mercantil de Portugal se haya debido en gran parte a su incapacidad económica y demográfica para emprender una expansión colonizadora, por lo que debía conformarse con aprovechar la posibilidad comercial más que la de absorción de nuevos territorios.

En cambio España mantuvo la preferencia por ocupar los territorios y absorberlos en su esfera productiva, aun cuando sin descuidar sus intereses mercantiles. Esta diferencia en la opción de la manera de extender sus intereses cobró expresión en el Tratado de Alcazovas de 1479, que puso fin a la guerra iniciada cuatro años antes entre los reinos peninsulares, en el que España, la vencedora, reconoce el monopolio mercantil de Portugal en la costa de África así como la posesión de las islas del Atlántico, con excepción de las islas Canarias.

La casi simultánea ocupación de Palma de Mallorca (1490), Tenerife (1493) y la derrota final de los árabes (1492), marcan la vigorosa consolidación de la nueva pauta española iniciada activamente en la unificación de los reinos de Castilla y de Aragón en 1479. A estos éxitos correspondieron acciones para integrar la economía, la administración y la estructura política, entre ellas: el control real de la nobleza, la expulsión de los judíos, la unificación de la legislación y del poder municipal bajo el poder real, la definición y unificación de la moneda, así como el establecimiento de medidas proteccionistas a actividades peninsulares. Es indudable que varias de estas acciones habrían de revertir en contra de la dinámica española más adelante, como es el caso de la expulsión de los judíos, pero en ese lapso aparece como parte de iniciativas encaminadas a obtener una cohesión social de primera importancia.

La manera de expansión de España contrastaba con las prácticas medievales que aún prevalecían en la mayor parte de Europa. Transformaciones similares fueron las que más adelante, y desde luego con otros matices, efectuaron Francia e Inglaterra dos siglos después, a fin de iniciar la etapa del capitalismo industrial.

La gradual modificación de la base económica hispana tuvo efecto por múltiples vías, entre las cuales resaltan la ampliación de la producción existente en el territorio cristiano de la península así como la incorporación de las áreas agrícolas y de las funciones productivas de las comunidades árabes a medida que avanzaba la conquista. El resultado consistió en que a fines del siglo XV y a principios del siguiente, era notoria la producción de lana en Castilla, las manufacturas catalanas, principalmente textiles, la industria naval aragonesa, la agricultura del sur y sobre todo la elevada producción de hierro y sus manufacturas, todo lo cual era de importancia no sólo en relación con el nivel de producción anterior a la derrota de los árabes sino también al resto de Europa.

En efecto, en esa etapa de la historia de Europa la expansión de la economía española destacaba tanto desde el punto de vista de la disponibilidad de bienes internos como, sobre todo, por la integración de sus procesos productivos con la estimulante práctica comercial. Debe acentuarse el hecho de que la economía hispana había heredado los avances técnicos y científicos árabes que eran, con mucho, los más avanzados de Europa. Por otra parte, la permanente ebullición social provocada por los acontecimientos bélicos de la guerra contra los árabes, por modesta que fuese, producía reajustes en el aparato productivo así como demandas de bienes manufacturados que contribuían a debilitar el poder de las organizaciones feudales, tales como los gremios, en los que estaban enclaustradas gran número de unidades productivas. Así, el sistema característico de producción medieval era atacado por las incipientes presiones capitalistas sobre las estructuras gremiales bajo circunstancias favorables para violar las disposiciones corporativas de la producción.

En el ámbito político-administrativo se encontraban correspondencias de estos acontecimientos. Así, además de la unidad política alcanzada y de la gradual adaptación institucional, surge una manera de manejar los asuntos diplomáticos que es de primera importancia para ayudar a la aplicación de la política de expansión colonial. Además, a la posición avanzada de España contribuye la creación de nuevas técnicas militares, en parte producto de los factores económicos y políticos comentados, que hacen del ejército hispano la máquina guerrera más formidable de su época. Ello se ilustra con la derrota que inflige Gonzalo de Córdoba al poderoso ejército francés en Italia en 1504, con lo que España obtiene el estratégico y jugoso reino de Nápoles.

Así, puede afirmarse que la unidad del sistema político, junto con los avances de las formas de producción capitalista y debido a la dimensión misma de la economía española, habían auspiciado procesos estimulantes de transformaciones internas. Todo lo anterior, en comparación con lo que sucedía entonces en el resto de Europa, permite suponer que España era el país más desarrollado del continente a finales del siglo XV y principios del XVI

El considerable avance de España con respecto al resto de los países europeos explica el que en esa época su apertura colonizadora no haya podido ser imitada, excepto por Portugal y sólo por un corto lapso. Si bien otros países estaban en condiciones de practicar el mercantilismo dentro de las estrechas limitaciones dictadas por sus respectivos aparatos productivos, no lo estaban para practicar la conquista y la ocupación de territorios al estilo hispánico. Podían fundar villorrios en las costas de las áreas de expansión mercantil para servir de centros de intercambio de bienes y de esclavos, y aun podían disputar entre sí el derecho de esta práctica, pero en cambio las empresas de colonizar territorios, apenas podrán efectuarlas dos siglos más tarde.

Al emprender España la increíble conquista de América, se produjo un explosivo impulso de su comercio, lo cual coincidía plenamente con las aspiraciones mercantilistas de la época. Para imaginar el efecto de ese incremento del comercio basta pensar en la demanda que creaba la necesidad de construir barcos, aparejar flotas, equipar soldados —requerimientos de armas, pólvora, armaduras, gastos marítimos, etc.—, en el período de la conquista. Después, las demandas de bienes para la producción —minería, agropecuaria— y, sobre todo, de bienes de consumo tales como textiles, vinos, alimentos, menajes diversos.[1]

En vista de que las normas de funcionamiento económico contenían de todas formas una marcada inclinación mercantilista y dada la facilidad de lucro que había en la relación comercial, el interés principal de España se vertió hacia la protección de estas actividades antes que las productivas. Acorde con esta tónica fue el otorgamiento a Sevilla del monopolio del comercio con América, en el que se incorporaban, necesariamente, abundantes bienes importados del resto de Europa. Al mismo tiempo, en los pocos empresarios industriales existentes operaba poderosamente la tentación de obtener mayor fortuna con el comercio ultramarino y aun en *hacer la América,* en vez de seguir luchando contra los artesanos peninsulares, procurando resolver la falta de mano de obra, soportar la nube de cobradores de impuestos y enfrentar la ruda competencia de las manufacturas provenientes de Holanda, Francia e Inglaterra.

En razón de una conveniencia inmediata y por la aplicación de un sentido pragmático en la solución de

[1] Véase J. Vicens Vives, *Historia económica de España,* Madrid, 1955, así como J. H. Elliot, *Imperial Spain 1469-1716*, Arnold, Londres, 1963.

los asuntos políticos, la monarquía adoptó el criterio de obtener el mayor beneficio inmediato de las colonias, tanto por medio de la exacción de los más elevados tributos, como por la inducción del mayor comercio posible. Al mismo tiempo, los productores tendían a abandonar las incipientes empresas industriales y a dedicarse mejor a una actividad más fácil, honrada y aristocrática como era hacer de comerciante o de armador. Mientras tanto, los artesanos reconstituían las partes de su estructura corporativa afectadas por el reciente embate capitalista y recuperaban su condición privilegiada como miembros de los exclusivos gremios. Mediante estas prácticas y adaptaciones, es de suponer que todo mundo gozaba de niveles más elevados de consumo —incluyendo algunos núcleos de indígenas americanos— y aprovechaban la fastuosa prosperidad del momento, si bien con ello contribuían a modificar el sentido de la evolución de España y la encaminaban directamente hacia el subdesarrollo, al truncar las actividades internas que podían evitar esta tendencia.

En cambio, otros países europeos tuvieron un incremento más reducido en la demanda de sus manufacturas —y menor intensidad del auge— y, por ello, más fácil de aprovechar para ampliar su producción, aun a costa de considerables distorsiones de los precios internos y de sus funciones productivas. Así, estas sociedades continuaban sus graduales procesos de evolución, ahora acelerados por la expansión americana, pero sin llegar a arrasar con las estructuras productivas en favor de los intereses mercantiles, como sucedió en el caso de España desde el siglo XVI. En cierto sentido, las restricciones españolas al comercio funcionaron como útiles regulaciones protectoras para el resto de Europa, al limitar los efectos perturbadores de la violenta ampliación de la demanda. Con ello, España absorbía la mayor parte de la distorsión mundial producida por la presencia de América, con lo que hacía las funciones de amortiguador en favor del desarrollo de otros países europeos.

2. EL ORIGEN DEL ATRASO AMERICANO

Al iniciarse la expansión colonial, una vez efectuada la conquista del continente en el curso de la primera mitad del siglo XVI, se trasladaron a América las formas de producción y de organización social prevalecientes en la península, pero no las incipientes que correspondían al débil capitalismo manufacturero que venía gestándose desde finales del siglo anterior, sino las que eran las preponderantes, o sean las de carácter feudal-gremial.

De esta forma, las circunstancias históricas determinaban que la interdependencia establecida en la nueva infraestructura ibérica, representada por América y España, se convirtiese en un sistema de influencias recíprocas que desembocaba en el subdesarrollo de ambos componentes. América condicionó el retorno de España al subdesarrollo y, con ello, España sólo podía ejercer influencias subdesarrolladoras sobre América.

Al quedar el espacio económico americano incorporado a las corrientes vigentes del capitalismo de la época, que tenían un marcado acento mercantilista, los dos destinos quedaban sellados.

La explotación colonial se planteó desde un principio de acuerdo con criterios de especialización internacional de las actividades, de tal manera que se destinó preponderantemente el Nuevo Mundo a la producción de bienes para la exportación. Con ello se incorporaron ingredientes de gran importancia en la evolución posterior de la región.

Se estructuraba la producción en función de la exportación de metales preciosos y de productos agropecuarios de alto valor, al mismo tiempo que se impedía la producción de un amplio catálogo de bienes que habrían de importarse, creando con ello un sistema de dependencia extremadamente poderoso y, por lo mismo, determinante de los acontecimientos coloniales. En consecuencia, las relaciones de la economía colonial iban formándose con base a un marcado carácter aristocrático, apoyado en la discriminación racial que se encontraba jurídicamente sancionada. Todo ello se mantuvo a lo largo de la colonia, siendo parcialmente matizado por el proceso de mestizaje, por la acción de grupos de frailes iluminados, por los arranques de culpa de los soberanos remotos y también por el dictado de necesidades políticas circunstanciales. Sin embargo, el matiz resultante de estas numerosas fuentes de modificación de las relaciones sociales coloniales fue más bien leve. En última instancia, las condiciones económicas fueron mucho más poderosas para determinar la permanencia del orden de funcionamiento social.

La organización de la producción se llevó a cabo dentro de una atmósfera de elevada resistencia de la población nativa. Su inclinación era más bien de alejarse del contacto europeo y de adoptar las prácticas del autoconsumo, conservando sus pautas culturales y de organización. Así, los elementos tribales del funcionamiento social del indio americano tuvieron que ser destruidos por los conquistadores para lograr la explotación de la mano de obra y aprovechar los recursos naturales. Al mismo tiempo, estas condiciones influyeron definitivamente en la manera de organizar la producción.

Esta combinación de tendencias resultó en la aplicación del sistema feudal de encomienda en una primera etapa y de sus variantes en épocas posteriores. Tales sistemas eran la contrapartida en el plano laboral del derecho de rescate de bienes de que gozaban los conquistadores. La asignación real de núcleos de indígenas en exclusividad de explotación al encomendero, en razón de sus méritos militares, constituía la forma expedita para forzar a la población a laborar. El hecho de que el esclavo virtual, en que se convertía al indígena, fuese miembro de un grupo étnico diferente, vencido y desvalido, daba carta de aceptación a tal práctica. Además, se suponía que la asignación de pueblos en encomienda —al igual que los derechos de explotación de los puestos públicos comprados al soberano—, sólo tenían vigencia por una o dos vidas.

Las evidentes ventajas del sistema de encomiendas para disponer de mano de obra esclava, que impedía la movilidad de los trabajadores, dio lugar a la aplicación de brutales y rígidos métodos de control, ya superados en Europa desde siglos atrás. Se revivía la esclavitud, pero se aplicaba en combinación con el reconocimiento de derechos comunales a los indígenas. La esclavitud tenía una vigencia supuestamente temporal y no hereditaria, por lo que no había un tráfico abierto de esclavos autóctonos, sino más bien la asignación a peninsulares notables de pueblos completos en forma aparente de una custodia para su defensa e ilustración religiosa, que recuerda las normas feudales de organización.

También de importancia en la evolución posterior de América Latina fue la convivencia de la forma de producción característica de autosuficiencia en materia de alimentos, en una gran parte de la población, con la marcada orientación externa de las unidades productivas más importantes, debido a su especialización en la producción de bienes para exportación. Sin embargo, debe señalarse que se trataba de una relación exterior peculiar del período colonial, ya que una gran proporción del valor de los bienes enviados se hacía a título de tributaciones diversas (alrededor de la mitad del valor de los metales preciosos embarcados representaban impuestos) y, además, existía una total polarización de cada colonia hacia la metrópoli. A estas circunstancias se debe el que en las colonias hayan prevalecido condiciones híbridas de funcionamiento, ya que se combinaban las relaciones comerciales de corte capitalista metropolitanas con la organización esclavista y feudal de la producción local.

Las brutales condiciones de explotación del trabajo provocaron el surgimiento de esporádicos focos de rebeldía desde el siglo XVI, constituidos por núcleos aislados de población.[2] Comúnmente terminaba el inci-

[2] Véase Daniel Valcárcel, *La rebelión de Tupac Amaru*, Fondo de Cultura Económica, México, 1947; Ma. Teresa

dente con la matanza de los levantados, ya que estos brotes sangrientos ocasionales no lograban generar una dinámica de cambio, al ser efectuados por grupos reducidos y aislados de indígenas y de esclavos, que por su condición de razas conquistadas estaban expuestos a represiones ilimitadas.

Aun cuando se dictaron las Leyes de Indias, su observación era infrecuente, en el mejor de los casos. La estratificación social era extremadamente rígida y coincidente con los diferentes grupos étnicos, lo que facilitaba el trato brutal de los indígenas. Fueron necesarios el mestizaje, la formación de núcleos de criollos, así como la diversificación económica y social, para permear el rígido sistema y auspiciar la conversión en un solo objetivo a las diversas finalidades que perseguían, respectivamente, las rebeliones de esclavos, de indígenas, de mestizos y de criollos. Para entonces, las aspiraciones de los movimientos de resistencia pasaron, de expresarse en asonadas desesperadas, a ser las ideas preliminares de la revolución de independencia.

3. EL VACÍO EXTERNO RELATIVO A LA ÉPOCA COLONIAL

En el transcurso de la época colonial iban ocurriendo cambios profundos en la dinámica de las dos áreas de interacción. Por un lado, en España se empezaron a deteriorar las condiciones de su hegemonía militar y política por efecto de su propio subdesarrollo, lo cual contrastaba con la vigorosa expansión de Francia y de Inglaterra, sobre todo a partir del siglo XVIII. Por otro lado, en las colonias se iban creando algunas aperturas a la expansión interna, tanto por el relajamiento pro-

Huerta Preciado, *Rebeliones indígenas en el noroeste de México en la época colonial,* Instituto Nacional de Antropología e Historia, México, 1966; y M. E. Galaviz, *Rebeliones indígenas en el norte del Reino de la Nueva España,* Editorial Campesina, México, 1967.

gresivo del control de España, como por la misma dinámica de la sociedad colonial, en la que tenía no poca importancia el aumento demográfico de la población de mestizos y criollos. Este núcleo, que resentía la discriminación en favor de los peninsulares, formaba el fermento de la futura clase dirigente y fue el más vigoroso reclamante de derechos al consumarse la independencia. Una indicación del resentimiento y de la desesperada lucha consiste en el propósito de expulsar de las flamantes naciones a todos los peninsulares sin compensación económica alguna y, en ciertos momentos, de sacarlos no sólo del Nuevo Mundo, sino liquidarlos del todo. Por ejemplo, en 1813 Bolívar decretó la aplicación de la pena de muerte a cuanto peninsular o canario fuese sorprendido con las armas en la mano.

Esta forma de evolución era, en parte, resultado del vacío creciente que el deterioro del Imperio español iba provocando en diversos aspectos de la vida colonial. Aun cuando a fines de la dominación española fueron dictadas disposiciones cada vez más complejas, encaminadas a incrementar las aportaciones de excedentes de las colonias a la metrópoli, tuvieron cada vez menos efecto por la incapacidad de España para hacerlas respetar. De hecho, la existencia misma de esas disposiciones es un indicador importante del deterioro de los controles sobre las economías coloniales, debido a la debilidad creciente de la intolerante explotación hispana. A finales del siglo XVIII, este deterioro llegó al grado de obligar a suspender el tráfico marítimo durante largos períodos, lo cual no logró aliviar la tardía liberalización del comercio emprendida en 1765.

Las otras dos potencias de esa época no estaban en posibilidad de sustituir a España en el ejercicio del poder colonial en América. La dominación militar de estas áreas, que era la condición para repetir la norma de explotación colonial hispana, era una empresa demasiado grande tanto para Francia como para Inglaterra. En cambio, la práctica comercial mediante el contrabando y la piratería eran honrosas actividades que podían permitirse holgadamente y con abundantes beneficios a costillas de España. Inglaterra, sobre todo, iba aumentando rápidamente su participación en la oferta de manufacturas en las colonias, con lo que debilitaba proporcionalmente uno de los pilares principales del Imperio español.

En esa etapa, las funciones comerciales estaban poco diferenciadas, por lo que era frecuente que las ciudades costeras de América fuesen tomadas por los bucaneros, después de que las autoridades españolas habían denegado su solicitud de comerciar libremente.[3] En cambio, las invasiones inglesas a Río de la Plata (1806 y 1807) deben suponerse que fueron acciones prematuras y circunstanciales, atribuibles más al exceso de energía acumulada en el aparato militar británico en la batalla de Trafalgar, que a formar parte de un intento sistemático de conquista territorial en América.

Aun cuando el contrabando y las exportaciones eran vitales para la expansión de las actividades manufactureras europeas, en cambio para las colonias americanas apenas representaban una sustitución parcial de la contracción de la influencia que ejercía el agonizante dominio español. De aquí que se fuese creando un vacío económico y político cada vez mayor en la relación exterior de las áreas dependientes.

El deterioro de las formas y medios de control peninsular permitió en América el surgimiento de modestas instalaciones locales de artesanías y de pequeñas industrias a fines del siglo XVIII, así como el inicio de algunas otras actividades que hubiese sido imposible emprender algunas décadas atrás, en virtud de las prohibiciones existentes al respecto. De esta manera, la expansión de la economía interna del período preindependiente, que habría de prolongarse después de la liberación política, era posible en razón de la dinámica combi-

[3] Véase *El contrabando y el comercio exterior en la Nueva España*, Banco Nacional de Comercio Exterior, México, 1967.

nada de la sociedad colonial y de la metropolitana. Esta evolución también daba lugar al avance de la complejidad de las sociedades latinoamericanas, proliferando los conflictos entre un sector mayoritario de la población, cuyos intereses eran plenamente locales, y el selecto grupo —usualmente constituido por peninsulares— que constituía la cúspide de la sociedad, ligado estrechamente a las normas de operación colonial.

La dinámica del conflicto estaba planteada, en su origen, en el choque inevitable de intereses que correspondían a cada clase social, aun cuando al inicio hayan surgido numerosas iniciativas políticas y bélicas de gran intensidad y de corta duración que contribuyeron a confundir el panorama. Así por ejemplo, en varias colonias americanas se esgrimió inicialmente como argumento independentista la necesidad de separarse de la metrópoli con el fin de preservar al Reino de la influencia republicana que ejercía el ejército francés de ocupación en la península. Un grupo de criollos se proponía ofrecer al destronado Fernando VII, una vez rescatado de las manos de los franceses, un remanso monárquico americano al abrigo de las embestidas de las Cortes de Cádiz.[4]

Pese a las desviaciones iniciales, pronto se definieron con claridad los objetivos de la revolución de independencia: se trataba, en principio, de liberar al sistema de producción interna con el fin de impulsar ilimitadamente la expansión de todo tipo de actividades económicas. Para ello sería necesario eliminar el sistema de privilegios que beneficiaba a los peninsulares e instaurar la libertad de comercio con todas las naciones del mundo. Estas aspiraciones exigían la derrota militar del Imperio español, para lo cual era necesario contar con un ejército que, debido a las circunstancias, habría de ser de carácter popular. O sea, que era

[4] Véase Luis Villoro, *El proceso ideológico de la revolución de independencia*, Universidad Nacional Autónoma de México, México, 1967.

preciso movilizar al pueblo para ejecutar la faena revolucionaria y ello sólo era posible en la medida que se le prometiesen algunas mejoras económicas y cierto relajamiento de los medios de control y de sujeción. Alrededor de doce años tomó la destrucción del sistema colonial. Es probable que el triunfo revolucionario hubiese requerido menos tiempo, de haber estado los dirigentes políticos menos preocupados por retener el sistema de privilegios y más por hacer la guerra.[5]

4. EL VACÍO EXTERNO DE LA ETAPA INDEPENDIENTE (1820-1850)

Al consumarse la independencia política, los propósitos de progreso económico que perseguían los insurgentes quedaron frustrados por haber adoptado su movimiento las pautas conservadoras en contra de las cuales habían emprendido la lucha. Ello reflejaba las facilidades de enriquecimiento que el medio les ofrecía a los insurgentes en triunfo, así como la rigidez interna a que se enfrentaba todo intento de modificación de las normas tradicionales de producción.

Así, a pesar de los procesos de cambio desatados por la guerra de independencia y por el relajamiento social, siendo éste muy limitado y muy elevadas las restricciones internas, ahora apoyadas por el nuevo estrato dirigente, habrían de precisarse varias dácadas para que la transformación de las funciones sociales tuviese lugar. Estas funciones deberían abrirse por medio del conflicto social que tendría que acumular múltiples transformaciones cotidianas a este objeto. Mientras

[5] La matanza de los amos franceses ejecutada por los insurgentes haitianos en 1792 parece haber aterrorizado por igual a peninsulares, criollos y mestizos. No sin razón, puesto que una repetición del episodio en tierra firme no era remota, en vista de la explotación brutal de que era objeto el indio. Al mismo tiempo, este temor fue utilizado para justificar la continuación de la aplicación de los métodos coloniales de control y de sujeción en el período independiente.

tanto se liberaban algunas partes del aparato productivo y se sucedían las interminables luchas entre los conservadores, que representaban a la aristocracia, y los liberales, que aspiraban a ser aristócratas.

Es de preguntarse la razón por la cual la guerra de independencia y, sobre todo, la ruptura posterior de los poderosos vínculos económicos de carácter colonial, no dio lugar a una transformación más radical de la sociedad. Aparentemente, se destruyó la parte central de la operación externa de la economía —que era de extrema importancia— al suspenderse las exportaciones y el pago de los elevados tributos a España y, sin embargo, la estructura social interna y las formas de producción no parecen haber sido perturbadas seriamente.

La explicación de esta aparente paradoja social se encuentra eventualmente en la influencia de varias circunstancias del momento. La lucha de independencia corría parejas con el deterioro de las relaciones económicas externas que se venía acentuando desde varias décadas atrás. De esta manera, la ruptura final fue un cambio brusco, pero de todas formas era parte de una poderosa tendencia anterior.

La estabilidad se sustentó, en cierta medida, en la forma en que se modificó la producción y el uso de los bienes. En la etapa colonial, una parte considerable del excedente creado era transferido a la península sin contrapartida equivalente. Al suspenderse esta relación, la reducción de las exportaciones y la menor ocupación que ello producía pueden haber acontecido dentro de una condición de mayor disponibilidad de bienes, puesto que el excedente colonial ya no abandonaba al país. Es claro que surgían nuevos mecanismos de extracción del excedente —sobre todo a través de las relaciones comerciales externas—, pero, aun así, dicha extracción podía ser menor que la incidencia que sobre el consumo habría tenido la reducción de la actividad económica y la carga de una tributación creciente, de haber continuado la sujeción colonial.

Esta hipótesis lleva a pensar que la base estructural

de las formas de producción se mantuvieron durante un tiempo, ya que la condición de operación independiente no transformaba de inmediato las relaciones internas y, en cambio, no sólo continuaban sus relaciones con el exterior, sino que aun se mejoraron al cobrar Inglaterra un papel preponderante en ellas. Dentro de esta hipótesis puede suponerse que la trasmisión de beneficios a los estratos laborales urbanos y a los campesinos, aun cuando reducidas muchas veces a una posibilidad de mayor ocio, pudo haber ayudado a mantener durante cierto tiempo la esencia de la situación social y de las formas de producción. Además, no había razones políticas ni presiones económicas para modificar la base del comportamiento usual del sistema prevaleciente. Es decir, no había condiciones ni exigencias para desarrollarse.

En cambio, en la esfera externa, el vacío relativo en la dependencia tradicional que se mantuvo durante varias décadas era una coyuntura favorable para emprender un desarrollo autónomo. La relación de poderes mundiales, representada por la presencia de Francia, Inglaterra y Estados Unidos, se expresó durante un prolongado período en el mantenimiento de un intercambio comercial de creciente intensidad, pero que no llegaba a consolidarse todavía en la definición de un polo hegemónico, tal como sucedería algunas décadas más tarde.

El período de vacío externo más claramente definido de la etapa independiente es el que corresponde al segundo cuarto del siglo pasado. Para 1850, la expansión inglesa en América tomó nuevo aliento, en razón de que habían tenido lugar dos conjuntos de acontecimientos de vital importancia. Primero, se habían incorporado definitivamente numerosos adelantos técnicos a los sistemas de transporte y a los medios de producción británicos, que iban desde haber montado una caldera de vapor a los vehículos marítimos desde 1802 y a los terrestres (que a partir de 1835 podían denominarse con propiedad ferrocarriles), hasta sustituir las delicadas máquinas de madera por las más durables y versátiles, hechas de fierro y de acero. Segundo, la expansión de la economía inglesa, en gran medida apoyada en la revolución tecnológica pero no menos en la disponibilidad de mercados europeos y coloniales, había colocado al Reino Unido en capacidad de absorber las nuevas naciones americanas en su esfera de influencia, en vez de practicar un limitado comercio, como hasta entonces lo había hecho.

Acorde con su práctica secular de protección de sus propias actividades y tecnología, Inglaterra prohibió durante la etapa de acelerada expansión de principios del siglo XIX la exportación de buena parte de la creciente gama de maquinaria que producía, eliminándose esta prohibición sólo en 1843. Mientras tanto, su economía estaba en febril actividad, ocupada en transformar su tecnología y en aprovechar sus recursos internos, gracias al poderoso auge de la producción de hierro. La apertura al exterior pasa a nuevos niveles al ampliarse considerablemente la capacidad de carga de los transportes marítimos, gracias a la construcción de cascos de los buques con planchas de hierro, y a la utilización de la máquina de vapor para su movimiento. Aunque los barcos de vela continuaron siendo más veloces durante muchos años, la regularidad de los itinerarios que permitía el barco de vapor fue la base para que se iniciara desde 1840 la etapa de las líneas navieras inglesas.

La expansión comercial fue practicada por Inglaterra siguiendo, cuando era necesario, las buenas tradiciones piratas. Las "guerras del opio" que emprendió contra China son un dramático ejemplo de la forma en que obligó a este país a adquirir sus productos.

La expansión en el Lejano Oriente fue de tal magnitud que absorbió todas las energías inglesas hasta finales de la década de los años cuarenta, lo cual no le impidió efectuar, a manera de práctica, una abierta intervención en la guerra entre Argentina y Uruguay en 1842, como complemento a su creciente comercio con América Latina.

Mientras tanto, la demanda de algodón de la explosiva industria textil inglesa incorporó a su esfera de influencia varias zonas americanas. La importación de fibra pasó de 2 mil toneladas, en 1780, a 250 mil, en 1850, buena parte de la cual era satisfecha por los esclavistas sureños de Estados Unidos, pero también involucraba el comercio a varios países latinoamericanos, entre ellos, el Brasil.

En el período que va desde el reconocimiento británico en masa de las naciones independientes latinoamericanas (1823), hasta mediados del siglo, tienen lugar transformaciones profundas en Inglaterra, que le impiden desbordarse plenamente hacia estos países. Ello de ninguna manera impide que en la década de los años veinte se abra un período de afluencia de empréstitos ingleses hacia las repúblicas americanas —que en su mayoría dedican los gobiernos a financiar sus guerras intestinas—, así como de auge algodonero, de acelerada expansión del comercio y de intervenciones armadas. Sin embargo, la apertura inglesa era sólo marginal en comparación con su esfuerzo de expansión en el Oriente. A su vez, las naciones latinoamericanas utilizaron rápidamente en el curso de los años veinte todas las posibilidades de endeudamiento que les ofrecían los prestamistas ingleses, con poco efecto sobre la expansión económica. Las dos décadas siguientes fueron de leve crecimiento económico y de innumerables guerras civiles.

En 1850 tuvo lugar un acontecimiento que podría tomarse como el inicio de los nuevos tiempos para Latinoamérica. En ese año, se llevó a buen puerto el primer barco movido a vapor, dedicado al transporte de correo y de carne congelada entre Inglaterra y Argentina. Poco después, se regularizaría el tráfico al inaugurar las líneas navieras.

En cambio, en la etapa en que tuvo lugar el derrumbe del Imperio español, Francia pasaba una desfavorable coyuntura histórica para practicar la expansión hacia afuera. Los profundos cambios originados en la Revolución de 1789 prepararon al país para avanzar sustancialmente en base a un crecimiento interno aprovechando intensamente los recursos de su territorio y la demanda propia que ejercía su abundante población. Sin embargo, este crecimiento se vio afectado tanto por las prolongadas guerras napoleónicas, como por el retraso industrial con respecto a Inglaterra, por influencia de la gran difusión que tenía el sistema de producción artesanal francés y por la enorme importancia técnica y económica que cobró la producción de hierro y acero en el destino de los países que entraron en la revolución industrial. En este campo, Francia contaba con abundantes recursos de hierro, pero, en cambio, los de carbón eran poco adecuados de acuerdo con la tecnología de la época. Todavía en ese período los transportes eran demasiado costosos para intentar un intercambio con otros países de estas materias primas, dado su elevado peso y el bajo valor.[6] Sólo hasta finales del siglo XIX, con la invención de los métodos para el aprovechamiento del carbón bituminoso para la producción de acero, pudo Francia aspirar a recuperar un papel relevante en el juego de los imperios.

Los esfuerzos franceses de expansión imperial en América a lo largo del siglo XIX constituyen una interminable cadena de fracasos, que van desde la sucesiva compra y venta de Louisiana, del paso de Canadá de mano en mano y de las desventuras en México, hasta la muestra de incapacidad para llevar a cabo la construcción del Canal de Panamá. Los éxitos parciales en el Oriente, sobre todo en la Cochinchina, así como en el África, particularmente en Argelia, no habrían de encontrar un equivalente en el área latinoamericana, ya que la forma militar de su expansión,

[6] La importancia de la disponibilidad de estos recursos en el siglo pasado es señalada por Keynes, quien dijo que "no sobre sangre y hierro, sino sobre carbón y hierro fue fundado el Imperio alemán".

que era la única que parecía darle resultado, era una empresa formidable en el continente americano, como lo demostró el fiasco de su intervención en México.

Sólo en el ámbito intelectual, cultural y de organización administrativa, la influencia francesa habría de tener un fuerte impacto sobre la evolución latinoamericana en numerosos aspectos, debido a que correspondía, no a las condiciones de funcionamiento de la infraestructura, sino a los deseos de los políticos e intelectuales liberales americanos de que así fuese, con el fin de hacer una realidad el ambicionado proyecto de economía nacional. Para ello, suponían, nada mejor que copiar el modelo francés de la época posrevolucionaria, que por lo que hace a las proclamas libertarias y a la acelerada transformación de la economía gala a base de un crecimiento interno coincidía con los sueños de los más lúcidos liberales latinoamericanos.

En el propio continente americano iban sucediendo acontecimientos de gran importancia para el futuro de las repúblicas latinoamericanas. Durante los primeros años del siglo XIX, Estados Unidos se encontraba plenamente absorbido por el fastidioso proceso de expansión interna. Ésta consistía, en las primeras etapas, en ampliar la frontera agrícola por medio del trabajo de contingentes de inmigrantes europeos. Los costosos medios de transporte terrestre limitaban esa frontera, por lo que los productores no podían alejarse demasiado de las costas o de las vías acuáticas internas. Los auges del añil, del tabaco y del algodón, asociados a las exportaciones a Inglaterra y sustentados en la esclavitud —al menos en el caso de la explotación del algodón— encontraban su límite en el costo del transporte terrestre.

El impulso de la economía norteamericana, generado por las características de este proceso de ocupación territorial, se tradujo en firmes esfuerzos por transformar los medios de comunicación interna, primero mediante la construcción de una amplia red de canales (1815 a 1860) que fueron esenciales para la ampliación del territorio susceptible de explotación. A poco de haberse iniciado el período de construcción de canales, empezaron a tenderse las primeras líneas férreas (a partir de 1835) en un proceso lento al principio, debido a las fuertes limitaciones financieras que sufría su economía en esa época. En cambio, durante la segunda mitad del siglo, tuvo lugar su febril ampliación ferroviaria, en parte gracias al financiamiento inglés, que permitió la ocupación efectiva de toda la superficie de la Unión.

El crecimiento a base de la ampliación de las actividades internas, protegidas por barreras aduanales en permanente elevación (desde 1816 hasta 1840), le prestó a la economía un marcado tono nacionalista. La autosuficiencia que caracterizó durante largo tiempo a una buena parte de las explotaciones agrícolas parecía coincidir con la orientación hacia la autosuficiencia del conjunto de la economía. Ésta permaneció ocupada en explotar sus propios recursos —incluyendo los territorios de Florida, comprada a España en 1819, y los de Idaho, Wyoming, Washington y Oregón reivindicados de Inglaterra en 1846—, hasta la etapa de la guerra con México, que de hecho constituye su primera apertura imperial.

La enorme tajada de territorio mexicano que se anexó absorbió de nuevo todas las energías de la economía y con ello se reinició el crecimiento hacia adentro que se llevó a cabo con una acelerada expansión del sector manufacturero gracias a la protección tarifaria y al mercado interno de elevado dinamismo, todo lo cual lograba ser conjugado armónicamente, excepción hecha de los sucesivos períodos de crisis, mediante una enérgica política económica que se aplicó desde la década 1820-30. Sin embargo, el motor principal del crecimiento seguía siendo el febril proceso de expansión de la frontera agrícola, junto con la eventual asistencia de los explosivos auges mineros. Entre éstos, el más notable es, sin duda, el de la fiebre del oro de California (1848), a la cual están vinculados de alguna manera tanto la guerra con México como el nuevo impulso del transporte transístmico por Panamá, mediante la construcción del ferrocarril. Se sugiere que en esa época operaba una estimulante triangulación del comercio, constituido por las ventas de alimentos del oeste, por las exportaciones del sureste y por las ventas de manufacturas del noreste.[7]

En el período que va de 1810 a 1890, la economía norteamericana sostuvo una acelerada expansión dentro de una relativa armonía entre la producción, la demanda de bienes de consumo y los requerimientos de formación de capital. Sin embargo, los intereses de los industriales del noreste —y su cauda de exigencias jurídicas de orden democrático—, apoyados en la protección arancelaria y en el entusiasmo de los servidores públicos convencidos de las proposiciones de Hamilton, chocaron inevitablemente con los exportadores sureños. Éstos se rebelaban no sólo en contra de la elevación de costos internos que habría de ser efecto de la protección de la industria nativa, sino también en contra de la embestida que sufrían sus privilegios de esclavistas y su vida aristocrática.

Es de notarse que durante las etapas de apertura al exterior —compra de Louisiana en 1803, de Florida en 1819, anexión de medio México en 1848, compra de Alaska en 1867—, la ampliación correspondiente del horizonte territorial daba renovada importancia inmediata al crecimiento hacia adentro, desviando en cada caso las poderosas fuerzas expansivas hacia la explotación de las nuevas áreas disponibles. Algunos autores sugieren que la frontera agrícola se agotó alrededor de 1890, al completar la ocupación de todo el territorio susceptible de explotación, de acuerdo con la tecnología del momento.

La fundación de la Unión Panamericana (1890) señala el momento en que Estados Unidos empieza la

7 Véase G. Soule, *Economic forces in american history,* The Dryden Press, 1953.

apertura definitiva en dirección de América Latina. Desde esos años, la velocidad de expansión de la economía habría de superar ampliamente los efectos de absorción de los territorios obtenidos mediante las anexiones. El nuevo orden mundial impuesto por Estados Unidos empezaba a definirse, aun cuando todavía pasarían varios lustros para que el país se consolidase como el polo hegemónico del poder mundial.[8] En esos primeros años correspondientes a la nueva pauta de expansión norteamericana, la sucesiva absorción de Hawai (1893), de la anexión de las Filipinas, de Cuba, de Puerto Rico y de Guam (1898), una vez derrotada España, así como el reparto de las islas de Oceanía con Alemania e Inglaterra, no habrían de desempeñar un papel económico similar al de los anteriores territorios ocupados, tanto por tratarse de pequeños países como por la enorme dimensión que para entonces había cobrado el sistema económico norteamericano.

Con estos antecedentes como marco de referencia, podemos examinar alguno de los acontecimientos notables de la evolución latinoamericana en el siglo pasado. Las características de esa etapa son: la situación interna con que emergían las naciones del dominio español y los profundos cambios en el panorama mundial.

En los primeros años de la etapa independiente, la influencia inglesa aumentó considerablemente una vez que su capacidad económica fue liberada de las exigencias de las guerras napoleónicas. Sin embargo, dicha influencia fue de modesta magnitud en el caso de América Latina, en comparación con la que ejerció sobre los países del Lejano Oriente, hacia donde dirigió la mayor parte del su poder de expansión imperial. En la primera mitad del siglo XIX, el comercio británico con América Latina fue de limitada importancia para ésta aun en el caso del Brasil, en donde los productos

[8] La influencia comercial norteamericana empezó ya en el período colonial, sobre todo en el área del Caribe y México, y se fue intensificando a lo largo del siglo XIX.

ingleses gozaron de libre acceso por medio siglo (1810 a 1857) a diferencia de las limitaciones impuestas en otros países del área. Francia intentaba aumentar su influencia y fracasaba, con la excepción de las minúsculas colonias azucareras de las Antillas. Estados Unidos se encontraba en la etapa inicial de crecimiento interno que involucraba todas sus energías.

Dentro del vacío relativo que prevaleció en los primeros años independientes de Latinoamérica, surgieron en varios puntos de la región los conflictos entre las corrientes antagónicas de los intereses fundamentales de distintos grupos presentes en esas sociedades, que se traducían con frecuencia en choques de orden político y militar. En un extremo se encontraban los sectores sociales asociados a las actividades exportadoras que seguían siendo las mismas desde la época colonial, los cuales estaban interesados en reconstruir los canales de intercambio comercial externo. Su línea política habría de ser de carácter librecambista, de puertas abiertas al comercio exterior, con el fin de retener las condiciones de costos de producción más favorables y poder incrementar las transacciones mercantiles con el mundo.

En la posición opuesta se encontraban aquellos grupos de criollos y mestizos que habían participado en las luchas de independencia, apoyados por núcleos campesinos, que ahora pretendían satisfacer sus demandas de ocupación, de ingreso y de participación política. Querían el poder económico y para lograrlo optaban por el proyecto de crear una economía capitalista autónoma sustentada en la abundancia agrícola y en la expansión manufacturera, todo ello dentro de las ideas de economía política de la época. Por esta razón se inclinaban a favor del proteccionismo, la organización administrativa necesaria para impulsar a la industria, la liberación de la mano de obra y la creación de fuentes de crédito que apoyasen las nuevas actividades productivas. Para lograr todos estos propósitos los grupos modernizantes necesitaban ejercer el control del poder político.[9] Es de señalar que la posición política liberal o conservadora no necesariamente coincidía con la posición económica librecambista o proteccionista.

En las primeras décadas del período independiente se sucedieron con vertiginosa rapidez los gobiernos liberales y los conservadores. Prevalecía una tendencia general a mantener elevados tributos a la importación de bienes, no tanto por motivos de una política explícita de protección industrial como por la necesidad de captar ingresos. Pero cada vez que la oposición del momento ganaba el poder, era de esperarse que alterara la tasación, afectando de esta manera las incipientes actividades manufactureras que habían vegetado a la sombra del proteccionismo implícito de estas prácticas. Subían o bajaban los aranceles y, junto con ellos, afluían los bienes importados o desaparecían del mercado.

De esta manera, surgen y desaparecen algunas actividades manufactureras en diversos puntos de América Latina, en ocasiones auspiciadas por el aprovechamiento de la energía hidráulica y, en otras, por la instalación de máquinas movidas a vapor. Usualmente se trataba de industrias dedicadas a la elaboración de bienes de consumo para el mercado nacional —alimentos, textiles—, aprovechando para ello la disponibilidad de materias primas abundantes de la localidad.

Los débiles empresarios nativos se enfrentaban a todo tipo de problemas: las dificultades tecnológicas, la calidad de los bienes de capital, el bajo grado de la organización administrativa de la empresa y del Estado, los medios de sujeción y de explotación de la mano de obra, las limitaciones financieras, agregándose a todo esto la incertidumbre proveniente de las bruscas variaciones de los aranceles.

[9] A este respecto son de señalarse la importancia política que cobró la liberalización de la economía como reacción a la implacable restricción colonial, así como la multitud de cambios ideológicos y de política económica de los diversos núcleos dirigentes.

Pese a todo, las bases industriales crecían y absorbían inversiones de importancia, financiadas con frecuencia por inversionistas nacionales que se aventuraban en esos campos y, las menos de las veces, de artesanos que evolucionaban hasta convertirse en industriales. Más adelante, empezaron a acudir empresarios extranjeros con este objeto. Surgían, así, industrias textiles, fábricas de papel, fundiciones de hierro dulce, talleres de cerámica y vidrio, de materiales de construcción e ingenios azucareros, entre otras. Se observa con claridad que mientras más aislado del mundo se encontró un país latinoamericano, mayor fue proporcionalmente la expansión manufacturera que alcanzaba su economía en este lapso, que podríamos calificar de transición del sistema de hegemonías mundiales. Esta pauta de crecimiento se prolongó en América Latina hasta entrada la segunda mitad del siglo.

La posibilidad de iniciar un desarrollo firme estaba dada en la esfera externa debido al vacío relativo que favorecía el emprender actividades internas. Sin embargo, la erección de una economía nacional tendría que haber avanzado mucho más de lo que lo hicieron los países latinoamericanos, hasta iniciada la segunda mitad del siglo XIX, para resistir la embestida comercial que sufrieron por parte de Inglaterra, una vez que ésta alcanzó la capacidad productiva y militar necesaria y que se liberó de los compromisos bélicos en Europa. Sólo en el caso de que hubiese tenido lugar un desarrollo más enérgico en este continente habrían podido resistir los países latinoamericanos las presiones y los embates, así como los atractivos de la nueva relación externa, que marcaban el camino del subdesarrollo.

Entre los obstáculos para crecer más rápidamente, resalta por su importancia la rigidez social que prevalecía, resultado de las normas de explotación servil de la mano de obra. Así era impedido el funcionamiento de varios de los mecanismos más dinámicos que hubiera podido apoyar la expansión interna: limitaba la demanda nacional de manufactureras, impedía la movilidad de la mano de obra, que era de vital importancia para el crecimiento industrial, propiciaba las pautas de consumo y de acumulación favorables a la expansión capitalista en los estratos que contaban con el ingreso adecuado para efectuar las inversiones necesarias. El reducido excedente producido se dedicaba preferentemente a la construcción privada y al financiamiento de las interminables guerras intestinas.

Mientras tanto, la acelerada expansión de las manufacturas auropeas iba sustrayendo tajadas sustanciosas del mercado nacional de los países latinoamericanos. Los productores de las escasas manufacturas locales se encontraban en posición vulnerable, debido a la inminencia de la competencia de productos extranjeros más baratos.[10] Luchaban por la erección de barreras arancelarias como única posibilidad para sobrevivir, aun a costa de elevar el nivel de los salarios.

Es posible que si este conflicto hubiese tenido lugar algunas décadas más tarde, cuando las sociedades atrasadas hubiesen alcanzado un estado de evolución más complejo, tal vez los grupos "desarrollistas" constituidos por los contados industriales nativos hubiesen triunfado en su lucha en contra de los exportadores nacionales y de las importaciones competitivas. Pero la dinámica de las economías europeas y de la norteamericana era a tal grado poderosa que les prestó a los polos de hegemonía mundial un vigor de expansión que América Latina estaba lejos de poder resistir.

La controversia económica y política se planteaba en torno a la posición liberal y proteccionista respectivamente de los estratos dirigentes latinoamericanos. Pero, en tanto que el liberalismo llenaba una clara función justificadora de la política exterior británica, resultaba una tesis inadecuada para los países perifé-

[10] Véase *Controversia que suscitó el comercio de Nueva España con los países extranjeros (1811-1821)*, así como *El comercio exterior y el artesano mexicano*, de la Colección de Documentos para la Historia del Comercio Exterior, Banco Nacional de Comercio Exterior, México, 1967.

ricos, debido a que la apertura de las fronteras al comercio mundial implicaba la adopción de la estructura de precios externos que era desfavorable para las incipientes industrias nativas.

Un factor adicional que habría de condicionar los acontecimientos futuros consistió en que la aristocracia criolla mantuvo la preponderancia económica y política, debido a que hábilmente bloqueó la posibilidad de expansión de los restantes estratos sociales, dando lugar, de esta forma, al permanente fermento de conflicto social que habría de caracterizar la historia regional durante el resto del siglo XIX y parte del actual. Mientras que Europa consolidaba su crecimiento, en parte a través del comercio con las nuevas áreas independientes, en las ex colonias americanas se sucedían las querellas locales.

5. LA INFLUENCIA INGLESA (1850-1900)

Los avances en los sistemas de transporte y el constante crecimiento y diversificación económicos en Europa, requirieron la aparición de nuevos productos intermedios. La acelerada elevación del ingreso implicó a su vez el crecimiento de la demanda de alimentos esenciales, en una primera etapa, y de exóticos productos tropicales, más adelante. Estas demandas impulsaron la incorporación a la economía europea de las regiones de ultramar que tenían condiciones particularmente favorables para especializarse en la producción de algunos de estos bienes. De esta forma, los países atrasados se vieron envueltos en las intensas corrientes modernas de comercio, repitiéndose en casi todos ellos el mecanismo de auge externo, la rápida elevación del ingreso, del consumo y de las importaciones, así como la eliminación de una parte de las actividades manufactureras que habían logrado establecerse y prosperar durante el período de vacío de la dependencia externa.

En esta forma, se iban anexando al complejo sistema

de relaciones económicas modernas las grandes planicies de clima templado, propicias para la producción masiva de granos (Estados Unidos, Australia, Nueva Zelandia, Argentina) así como las regiones productoras de los abonos naturales necesarios para restituir la fertilidad a las tierras sujetas al monocultivo (salitre de Chile, guanos del Perú). Más tarde se expandió la demanda europea del café, el cual empezó a cultivarse intensamente en las zonas tropicales de América Latina desde 1840, lo que permitió adicionar el área de influencia europea a los países centroamericanos, Colombia, Brasil y parte de México. Al mejorar los sistemas de transporte e incorporarse los métodos de refrigeración, se hizo posible la exportación de carnes y, más adelante, de frutas (banano, por ejemplo). La obtención de materias primas esenciales para emprender nuevos procesos industriales fue otro renglón que auspició la incorporación al intercambio mundial de nuevas áreas productoras de plomo, hierro, zinc, cobre, estaño, níquel, petróleo. Aunque este proceso europeo y norteamericano de absorción acelerada de bienes primarios, que corresponde al rápido cambio tecnológico, se extiende desde la primera mitad del siglo pasado hasta nuestros días, su punto culminante se ubica entre 1880 y 1920. Más adelante, este fenómeno se verá acompañando por otros procesos de relaciones exteriores, que habrán de tener nuevo carácter y significado para los países atrasados.

El proceso de incorporación que tenía lugar a partir de la segunda mitad del siglo pasado era acompañado por un fastuoso derroche de las divisas recién adquiridas en la compra de abundantes bienes importados. Se construían las primeras líneas férreas, se habilitaban puertos para el nuevo tráfico marítimo, se introducían los transportes urbanos y se extendían los sistemas eléctricos. Además de esta febril actividad inversora, tenía lugar la formación de capital en actividades de exportación, tales como la minería, la producción de café, algodón, ganadería, trigo, etc., así como en la erección de magníficos palacios propiedad de los exportadores y empresarios, de intermediarios y comerciantes, de políticos y empleados de alto nivel. Esta actividad movilizaba e incorporaba al auge a grandes núcleos de la población a través de la ocupación, de la elevación del ingreso, y de la disponibilidad creciente de manufacturas importadas.[11] Éstas se reducían de precio con rapidez, a medida que avanzaba en amplitud y en eficiencia la industria inglesa primero y, luego, la norteamericana.

Los años alegres de la incorporación de los países latinoamericanos al mundo de la abundancia, se registran entre 1880 y finales del siglo. En algunos países se atrasa esa incorporación en vista de que su destino productivo en el concierto mundial corresponde al desarrollo de tecnologías y demandas posteriores a estas fechas, como en el caso de Bolivia, cuyo papel de productor de estaño habrá de esperar a ser llevado a cabo hasta la era de la producción de alimentos enlatados. Pero en todos los países se repite más o menos la misma sucesión de acontecimientos: un período de preparativos para encontrar su destino de naciones subdesarrolladas, que comprende desde guerras de Reforma para liberar los factores productivos que se encuentran concentrados y congelados en manos de la Iglesia, y una vigorosa apertura de fuerte contenido liberal hacia el exterior, la cual coincide o antecede en pocos años a la afluencia de capitales externos, hasta la definitiva incorporación de la nación a la época moderna. Se abandona el pasado a grandes trancos por medio de los crudos acontecimientos económicos, que imponen la ruptura de los sistemas que obstaculizan la operación de la nueva especialización internacional del trabajo.

Otra consecuencia de esta incorporación comercial a la revolución industrial que se generaliza en casi todos

[11] Este auge que determinaba la elevación general del bienestar iba acompañado por la respectiva concentración mayor del ingreso, a la manera característica del funcionamiento capitalista.

los países latinoamericanos consiste en que, finalmente, llega la esperada paz interna, aun cuando sólo sea, en la mayor parte de los casos, por no más de una década. Las comparativamente estables administraciones de Balmaceda en Chile, de Roca y Juárez Celman en Argentina, de Núñez en Colombia, en fin, del Movimiento Restaurador en Ecuador de Plácido Caamaño, de Flores y Cordero, son producto, en parte, de la paz que conlleva la enérgica transformación interna de la incorporación de los países al auge. En algunos casos, las dictaduras "ilustradas" hacen las labores necesarias para adaptar el ámbito interno para que la nación pueda ser incorporada a la bonanza del capitalismo industrial, en su papel de proveedores de bienes primarios.

El período porfirista en México precisamente corresponde a la etapa de gran auge moderno de las exportaciones. Es, tal vez, la armonía que se puede lograr entre la política interna y las tendencias del exterior, el factor principal que determina la paz de esa época, en contraste con las permanentes convulsiones de los años de vacío externo de la era independiente.

Desde el punto de vista de la importancia que tiene el sector externo en la determinación de la oportunidad del auge económico y del nivel de actividad interno se comprueba, como era de esperarse, un notable paralelismo en toda América Latina. Las diferencias de grado y de forma de reacción ante incentivos externos estaban determinadas por la historia de cada país. De esta manera, la grave crisis mundial de 1891, que sacudió a la economía inglesa, provocó revueltas, revoluciones y la caída de varios gobiernos latinoamericanos. En cambio, en México, tuvo lugar el abortado levantamiento de Canuto Neri en la costa del Pacífico, quien poco después moría envenenado. Es decir, en todos los países existían tensiones sociales de gran importancia, pero en cada caso tomaba una forma peculiar de expresión y tenía una consecuencia particular de acuerdo con sus antecedentes internos.

La base del permanente conflicto social la constituían dos fuentes principales de fricción. Primero, sucedía que el auge no era ni continuo, ni suficientemente intenso como para satisfacer las crecientes necesidades y demandas de la población en expansión. Segundo, la misma actividad económica iba creando condiciones favorables para la formación de una clase media y de un estrato, que se podría denominar protoburgués, que tenía claras aspiraciones económicas y políticas. Sin embargo, el sistema social era poco flexible en este respecto, ya que tenía una modesta capacidad para crear suficientes puestos directivos y para ampliar los servicios con el fin de responder satisfactoriamente a esas aspiraciones.

A la inflexibilidad del sistema social contribuía la estructura aristocrática de su funcionamiento, que era una expresión superestructural de la forma de operación de la base económica y, al mismo tiempo, la forma de preservar su existencia. De aquí que las nuevas generaciones se encontraban con perspectivas poco propicias para repetir la hazaña paterna y debían conformarse con posiciones secundarias, altamente competidas, mal remuneradas y de modesto brillo social. Una presión adicional la ejercía la corriente, todavía de reducida dimensión, formada por los hijos de los hombres de éxito provenientes de los estratos de bajos ingresos, que venían a engrosar la clase media y a participar en la competencia dentro del magro mercado de trabajo.

Los trabajadores en general ejercían poca presión política, ya que estaban sujetos a terribles condiciones de explotación que se apoyaban en las formas de organización de la producción, que contenían parte de la herencia de las experiencias recientes del funcionamiento de la economía colonial, así como en la desproporcionada capacidad de represión del sistema, en comparación con la debilidad de las incipientes organizaciones laborales. También influían en la existencia de esas condiciones de trabajo y en la limitación de su acción política los beneficios que, aun cuando modestos, tocaban en suerte a esta clase social en los períodos de auge.

La dinámica de la esfera externa incluía la evolución mercantil y del financiamiento inglés que empezó a dirigirse a América Latina desde la terminación de la colonia en forma de empréstitos, y desde mediados de siglo también en forma de inversiones directas, así como la creciente influencia norteamericana. Dicha dinámica externa determinaba cambios de importancia en las formas tradicionales de la relación entre los países dependientes y el polo desarrollado. Son de señalar algunas de las diferencias en las pautas de la influencia externa a que estuvieron sujetos los países latinoamericanos, al tener lugar la transición del polo del poder mundial, que culminó a principios del presente siglo.

6. LOS AÑOS DE TRANSICIÓN

La relación entre Inglaterra y los países independientes había evolucionado desde principios del siglo XIX, cuando se limitaba casi exclusivamente al intercambio comercial, hasta finales de ese siglo y principios del presente, cuando las áreas de expansión se convirtieron también en receptoras de excedentes del ahorro inglés. Este último movimiento tenía lugar a través de inversiones directas, sobre todo en actividades extractivas y en servicios públicos. En cambio, los empréstitos británicos otorgados a los gobiernos, que se inician desde 1823, se aceleran a partir de mediados del siglo y prácticamente terminan de fluir en la primera década del presente siglo.

La construcción de los ferrocarriles en Latinoamérica es un ejemplo ilustrativo del procedimiento financiero que se aplicaba. Los inversiones en estas obras, que en todo el continente se iniciaron alrededor de la década 1870-80, se financiaron con frecuencia mediante empréstitos ingleses a los dispendiosos gobiernos, que se destinaban en su mayor parte a la adquisición de rieles, equipo tractivo y rodante, así como a instalaciones, todo ello procedente de Inglaterra. En otros casos, se procedió a efectuar la construcción mediante inversiones directas en concesiones otorgadas a las empresas inglesas, en vez de las explotaciones públicas.

Vale señalar que desde esa época participó Norteamérica en la disputa de mercados, incluyendo la construcción de ferrocarriles, en donde sus preferencias se inclinaban por las inversiones directas que permiten el control total de la explotación. El campo de la construcción de líneas ferroviarias es sólo uno de los muchos en los que empezó a competir Norteamérica con el poder económico inglés, aprovechando en ocasiones las distracciones de Inglaterra por los conflictos europeos y coloniales. Este proceso de expansión se volvió notable a partir del agotamiento de su frontera agrícola, no sólo por la intensificación del comercio con Latinoamérica, sino también por el incremento de sus inversiones directas, que fue acompañado por una poderosa ofensiva diplomática.[12]

En esos años de transición se observa con claridad la elevada correlación que se estableció entre el surgimiento de intentos de transformación interna de las relaciones sociales y las sucesivas crisis económicas mundiales a las que están sujetas las economías dependientes. De aquí la razón de que varios países latinoamericanos hayan erigido barreras aduanales a las importaciones, con el fin de auspiciar algunas actividades industriales, y no sólo para captar mayores ingresos fiscales. Esto fue producto tanto de las crisis cíclicas de creciente intensidad, como de la trasmisión

[12] El comercio con Norteamérica se intensificó desde el principio del siglo XIX. Aun cuando el intercambio con México es un caso especial por la cercanía geográfica, en toda forma es indicativo el que más de la mitad de los barcos que llegaron a sus puertos, en 1851, fueron de bandera norteamericana. Véase Miguel Lerdo de Tejada, *Comercio exterior de México,* Banco Nacional de Comercio Exterior, México, 1967.

de una pauta característica de operación del nuevo polo de dependencia.

En efecto, la influencia que recibían estos países de Inglaterra, consecuencia del liberalismo comercial que sustentaba, era sustituida gradualmente por la que se derivaba del proteccionismo feroz que venía aplicando Norteamérica desde finales del siglo XVIII.

Al cambio tecnológico en el uso de energéticos que va transformando al petróleo en el principal combustible —y debe recordarse que los primeros pozos se perforan en 1859 en Norteamérica—, corresponde también el cambio de polo principal de hegemonía en el desarrollo capitalista. Durante la primera guerra mundial tiene lugar la consolidación de estos fenómenos, los cuales se habían iniciado décadas antes y manifestado señales de su evolución por diversos caminos, como, por ejemplo, la capacidad norteamericana para llevar a cabo la construcción del Canal de Panamá en donde Francia había sufrido estrepitoso fracaso.

La hegemonía inglesa se fue deteriorando desde los últimos decenios del siglo pasado, en parte por la sucesión de guerras que provocó o en las que se vio envuelta, si bien su derrumbe quedó determinado por el enorme esfuerzo bélico a que le llevó la conflagración mundial, lo cual fue plenamente aprovechado por los Estados Unidos para transformarse en el centro industrial financiero del mundo.

El cambio de polo de dependencia fue un proceso irregular que de hecho se inició desde finales del siglo anterior, y que habría de prolongarse hasta la gran crisis de los años treinta. Tanto la irregularidad del proceso como las marcadas diferencias en la forma de operación de cada polo, dieron lugar a subsecuentes desajustes en el crecimiento de Latinoamérica. Algunos de estos desajustes eran producto de eventuales superposiciones y vacíos de influencias que se sucedían durante cortos lapsos. Así por ejemplo, en la explotación minera se protagonizó una coincidencia de poderes hegemónicos, al igual que en la petrolera, lo que dio lugar a numerosos conflictos internacionales en los que se veían envueltas, en calidad de presa, las sociedades latinoamericanas. Un caso más de vacío en un sector económico específico fue el que tuvo lugar en el campo financiero, que se prolongó hasta el inicio de la década de los veinte.

En cambio, el conjunto del área se vio sujeta a un vacío relativo general desde 1905, que duró en unos casos hasta 1918. Es importante señalar el paralelismo que existe entre este vacío y el que había existido entre 1825 y 1850, sobre todo en el sentido de que ambos dieron lugar a numerosos procesos evolutivos peculiares que habrían de condicionar futuros comportamientos y conflictos.

Estas variaciones en las formas de dependencia, incluyendo los casos de vacío y de superposición de influencias, constituyeron para los países atrasados el origen de profundas modificaciones en su mecanismo de contacto con el exterior y, por lo tanto, de buena parte de su estructura y de su funcionamiento interno. Estas modificaciones fueron más perturbadoras en la medida en que los países se habían adaptado más estrechamente a las pautas marcadas por las relaciones externas.

7. LA NUEVA TÓNICA DEL SUBDESARROLLO

La posesión de valiosos recursos naturales y el derecho a su explotación (sobre todo en el caso del petróleo desde principios del siglo), los aseguraba el nuevo polo de dependencia por todos los medios necesarios. Así, para los países atrasados estas prácticas constituyeron de hecho un retorno a pautas de relación externa similares a las que prevalecían a principios del siglo anterior, cuando las áreas de expansión representaban fuentes de materias primas y mercados de las manufacturas metropolitanas y cuando el dominio se ejercía con una violencia acorde con las necesidades internas de esa metrópoli. En cambio a finales del siglo, cuando Inglaterra, que era el principal polo hegemónico, había alcanzado un desarrollo que condicionaba la existencia de excedentes crecientes de su ahorro, la relación con las áreas de expansión tomó un tono de interdependencia mercantil y financiera, más parecida a la que se tendría con un cliente, que la tradicional de corte colonial.

El retorno a la violencia provino de que Estados Unidos, pese a ser el flamante polo de dominio, se encontraba sumergido en el proceso de aprovechar preferentemente su capacidad interna, y de que apenas estaba emergiendo del fatigoso período de expansión nacional que había logrado dentro de un ámbito de protección del exterior. Estas circunstancias impusieron una pauta agresiva a la forma de colocación de sus exportaciones en las neocolonias, y de extracción de bienes primarios de éstas para integrar sus procesos productivos. No menos importante para determinar el matiz de las relaciones con América Latina fue el hecho de que, a diferencia de los países europeos, los Estados Unidos disponen de abundantes materias primas en su territorio y el de que sus exportaciones sean apenas una fracción de su producción. Todas estas circunstancias le prestaron una amplia latitud a la política externa norteamericana al principio del presente siglo, ya que, sin afectar seriamente la operación de su economía, podía manipular a las áreas dependientes mediante sus relaciones comerciales, a diferencia de la economía británica, que en los años de su hegemonía mundial tenía una estrecha vinculación con el exterior.

De aquí que los países latinoamericanos sufriesen desde la primera guerra mundial la influencia de una nueva pauta colonial, que venía a violentar la forma de evolución alcanzada hasta entonces. Las naciones en proceso de crecimiento se vieron de pronto confrontadas con la dura competencia comercial de la nueva metrópoli, que mediante diversas prácticas económicas y militares dislocaron la relativa armonía interna que, de todas formas, habían alcanzado en su correspondencia con la influencia externa anterior.

Esto dio lugar a modificaciones sustanciales en las funciones internas, ya que hubieron de ajustarse a la tónica nueva que tomaban los impulsos del exterior. Pero la reacción ante esta nueva forma de relación externa dio lugar a movimientos sociales que fueron cada vez más difíciles de manipular por parte de los estratos exportadores y dirigentes, en vista de la magnitud que iban cobrando, no sólo por las transformaciones en la esfera externa sino también por el efecto acumulativo de la modificación de diversas variables nacionales de pimera importancia, tales como la misma dimensión demográfica de las clases sociales, las nuevas aspiraciones sociales y económicas (niveles de consumo, participación política, etc.), y la gradual ruptura de la estricta hegemonía social. La creciente incompatibilidad entre la capacidad efectiva del sistema para satisfacer las exigencias materiales y sociales se agudizó en la etapa de cambio del sistema de influencias externas, dando lugar a que se multiplicasen las fricciones y conflictos que, cada uno en su caso, habrían de tener diversa proyección sobre el destino del respectivo país.

8. EL PROYECTO DE DESARROLLO CAPITALISTA (1925-1940)

En la década de los años veinte, pese al auge creado por la fastuosa expansión de la economía norteamericana, las transformaciones internas de los países atrasados empezaron a tomar la forma de eventuales enfrentamientos de la incipiente burguesía nacional con los grupos de exportadores, importadores y otros estratos asociados a los intereses externos.[13] En esos años se

[13] De hecho, desde la década 1910-20 se iniciaron aperturas nacionalistas en los movimientos políticos. En este tipo de acontecimientos, resaltan los encabezados por Madero en México (1910), por Batlle en Uruguay (1911), por Billinhurst

plantearon dichos conflictos en forma de intentos por crear una economía autónoma que favoreciera a los intereses de la burguesía nacional, a diferencia de la operación abierta de la economía que hasta entonces se practicaba, para principal beneficio de comerciantes y exportadores. Es natural que las aspiraciones de los estratos sociales que se encontraban impedidos para convertirse también en ricos exportadores o comerciantes tomasen caminos antagónicos a los que determinaba ese estado de las cosas, lo que los llevaba inevitablemente a enfrentarse con las poderosas influencias externas.

Las expresiones políticas de estas aspiraciones contenían la proposición de usar instrumentos defensivos en contra de las tendencias externas, con el fin de implementar el proyecto de economía nacional. Los balbuceos de un nacionalismo económico surgieron como producto de este conflicto, el cual era exacerbado por las crisis recurrentes del exterior, en vista de que los países como conjunto, y los diversos estratos de la sociedad en particular, no disponían en esa etapa de caminos alternos para evitar sus efectos y ni siquiera para aliviarlos. Esta incapacidad para defenderse de las variaciones externas que auspiciaba el surgimiento del nacionalismo, era producto de la adaptación que habían seguido los países con el fin de aprovechar más efectivamente los beneficios de los períodos de auge. Los vaivenes del bienestar y del quehacer económico de las sociedades atrasadas, eran más marcados en la medida que estaban más adaptadas al funcionamiento exterior, lo que también determinaba la intensidad de impulsos que provocaban el nacionalismo, creando de hecho una relación inversa entre el auge de las exportaciones y esta aspiración nacional.[14]

en Perú (1912), por la revuelta obrera en Argentina conocida por el Grito de Alcorta (1912), seguida poco después por el triunfo de la Unión Cívica Radical encabezada por Irigoyen (1916), entre otros.

[14] Las vicisitudes del nacionalismo latinoamericano en los años veinte son ilustradas por la accidentada historia del apris-

En los años de espléndido auge de la década de los veinte, a la elevada fortaleza del exterior para mantener en vigencia al sistema de operación internacional se aunó la debilidad de los grupos internos disidentes de esa pauta en los países atrasados. Esto último fue producto, en cierta medida, de que la prosperidad exportadora de los países satélites diluyó la coherencia de la resistencia que se venía gestando y debilitó la organización de los movimientos nacionalistas, por lo que, con frecuencia, los conflictos se expresaron como una inquietud de limitada trascendencia y de importancia puramente local. El factor de mayor importancia para matizar el problema interno, en esos años, fue el incremento del ingreso creado por las exportaciones, cuyo crecimiento se encontró asociado directamente a la expansión norteamericana de la posguerra.

Con la ruptura del orden económico internacional en 1929 se destruyeron no solamente las fantasías acerca de la inmortalidad del sistema capitalista, sino también los mecanismos secundarios de funcionamiento del atraso que, hemos visto, estaban formados por los medios de absorción del auge exterior de que disponían los países subdesarrollados. La violenta contracción de las exportaciones de materias primas —en volumen y en precio— que en todos los países alcanzó dimensiones de desastre nacional, afectó directamente a los exportadores, a sus empleados, a los grandes contingentes de trabajadores dedicados a esas actividades y, a través de la variación del ingreso provocado por la desocupación que cundió, se trasmitió en forma de depresión general al resto de la economía. Los niveles de consumo y de formación de capital se redujeron radicalmente al contraerse la capacidad para importar, con lo que se afectaron todas las funciones productivas, no sólo desde el punto de

mo en Perú, por los levantamientos de militares brasileños, por los altibajos de la etapa de preparación económica de México, por el golpe militar de Ibáñez en Chile, por la gesta de Sandino en Nicaragua y por la transformación ecuatoriana emprendida por Ayora, entre muchos otros acontecimientos.

vista de la disminución de la demanda de sus productos, sino también desde el punto de vista de la operación del aparato productivo, al no disponer éste de los bienes de capital e intermedios necesarios.

En ocasión de otras crisis anteriores de menor gravedad, los países atrasados habían resistido mediante adaptaciones secundarias y temporales en su funcionamiento social, aun cuando de todas formas se habían puesto a operar cambios irreversibles que fueron de gran importancia posterior. En cambio, ahora, la magnitud de la gran depresión obligaba a plantear transformaciones sustantivas en las normas de operación interna y en las características de las relaciones establecidas con el exterior, como solución a los devastadores efectos de la reducción de la actividad. Vale decir que la crisis empujaba a la sociedad e inclinarse por una opción que consistía en emprender el desarrollo, por lo menos en lo que se refiere a los países atrasados.

La tendencia al estrangulamiento externo motivó que algunos grupos de población de los países atrasados reaccionaran enérgicamente y procuraran una solución alternativa al crecimiento dependiente, ahora bloqueado por la crisis, consistente en la expansión de actividades de interés interno. En virtud de que la depresión provocó un cierto debilitamiento de los mecanismos que la metrópoli aplicaba para el control de las áreas de influencia, ocupada como estaba en resolver sus graves asuntos internos, y toda vez que la reacción interna de las naciones subdesarrolladas fue particularmente intensa debido al profundo desequilibrio a que se encontraba sujeta una gran parte de su población, los intentos de liberar las respectivas economías tuvieron mayor posibilidad de éxito que en ocasiones anteriores. Es evidente que la aventura de innovar un funcionamiento interno con cierto grado de autonomía, no tenía razón de existir ni posibilidades de implementación en los períodos de auge. En cambio, la crisis empujó a los países latinoamericanos a tratar de romper con la relación que determinaba su atraso y la subordinación de sus funciones económicas.

El conjunto de circunstancias mencionadas motivaron el surgimiento de los movimientos populistas de los años treinta y cuarenta en aquellos países donde el avance anterior de los sectores económicos no exportadores, y la dimensión del núcleo demográfico dependiente de estas actividades, eran de tal importancia que daban origen a una poderosa reacción por sobrevivir. En México, Perú, Brasil, Cuba, Chile, Colombia, y más tarde en Argentina (el fenómeno se atrasa en Centroamérica hasta finales de la década de los años cuarenta, cuando surge el movimiento de la Legión del Caribe), se observa con toda claridad el inicio de la pauta señalada, que a poco se convierte en una abierta lucha contra el exterior.[15]

Esa lucha exigía la coalición de todos los sectores de importancia política para emprender el proyecto de desarrollo interno. La burguesía nacional, a cuyos miembros más lúcidos corresponde la paternidad del proyecto, hubo de aliarse con los núcleos trabajadores para este objeto, pese a la repugnancia que le causaba este proceder. Para los estratos laborales la coalición, por frágil y peligrosa que apareciese, era la mejor opción dentro de las reglas del capitalismo que permitían los tiempos. En cambio, otros caminos que se juzgaron impracticables en ese momento surgían al postular una transformación total de esas reglas, para proponer una organización social diferente, esto es, el socialismo.

La unión de los representantes de la clase media y de sectores laborales se limitó casi exclusivamente al ámbito urbano, tal vez con la excepción del caso de México, donde las necesidades de pacificación de las fuerzas campesinas desatadas por la recién pasada revolución aconsejaban hacer participar a este sector en el proyecto de creación de una economía nacional.

El desarrollo interno o "hacia adentro", que habría de dar pie a un profundo sentimiento nacionalista, debía de llevarse a cabo en contradicción con las tenden-

[15] Véase O. Fals Borda, *Las revoluciones inconclusas de América Latina,* Siglo XXI, México, 1968.

cias del exterior hostil. Naturalmente, esta solución era combatida por el polo hegemónico externo, ayudado por sus representantes nacionales cuyos intereses coincidían plenamente.

El esquema de desarrollo interno comprendía la expansión y diversificación de la producción agrícola, y, sobre todo, la industrialización que habría de permitir el alivio de la presión sobre la balanza exterior por medio de la sustitución de importaciones y, al mismo tiempo, incrementar la oferta de bienes para el consumo y la producción. Para ello era necesario emprender un proceso de expansión productivo en diversas actividades, principalmente manufactureras, que habría de efectuarse dentro de un ámbito necesariamente protegido de las importaciones mediante barreras arancelarias, en vista de la debilidad de las incipientes industrias y de la despiadada competencia exterior.

El proyecto de industrialización planteaba formidables tareas. En esos momentos de estrangulamiento externo, se requería de numerosas importaciones para la erección y equipamiento de las unidades productivas, así como de una amplia variedad de bienes intermedios que se necesitaban para los procesos productivos. Era necesario contar previamente con las condiciones básicas para instalar y operar las industrias —energía eléctrica, ferrocarriles, urbanizaciones, agua, etc.—, así como con la oferta de las materias primas nacionales para sustentar el proceso de transformación. También era indispensable la adaptación de los sistemas financieros, monetarios y fiscales a las nuevas exigencias que planteaban los requerimientos de la producción industrial y de la distribución interna de los bienes elaborados. Todo ello debía efectuarse en adición a los esfuerzos para ejecutar las complicadas maniobras internacionales que exigía la defensa nacional, en ocasión de las tormentas monetarias mundiales asociadas a la depresión y de las embestidas que ocasionalmente emprendían los centros hegemónicos mundiales en contra de los países disidentes de las pautas tradicionales de funcionamiento.

No menos importante era la consideración acerca del reducido mercado interno en relación a las dimensiones mínimas económicas de operación que determinaba la tecnología mundial disponible. La operación técnica imponía el efectuar la elección entre producir a costos elevados, debido a la ineficiencia inicial y a la baja utilización de la capacidad de los bienes de capital, o no producir del todo. Y esta opción planteaba la disyuntiva entre emprender el camino del desarrollo, con todos los costos sociales que implicaba, o esperar a que llegara un nuevo auge externo que finalmente resolviese la crisis, que permitiese reconstruir la pauta de crecimiento tradicional sin modificar ningún elemento de la forma de funcionamiento de la economía. De hecho, la decisión que tomaban los estratos dirigentes a este respecto dependía principalmente del grado y forma del conflicto social, que en todos los casos era función de la evolución interna que había alcanzado la sociedad.

Las transformaciones que emprendieron los países que optaron por el camino del desarrollo en la década de los años treinta —de hecho, en la segunda mitad de la década—, habrían de condicionar trascendentales consecuencias futuras. En efecto, en la medida que se modificaban algunas partes del aparato productivo, o que se efectuaban cambios parciales en el edificio social, se ponían a funcionar procesos que iban convirtiendo a las sociedades en sistemas más complejos y, por lo mismo, más vulnerables a las variaciones externas. De esta manera, la exigencia de transformaciones inmediatas para proteger al sistema del exterior formaba parte de la dinámica social que habría de desembocar, eventualmente, en nuevas presiones para implantar otros cambios, lo que en el fondo constituía la esencia del desarrollo.

En cambio, otros países apenas lograron iniciar este proceso por lo que, en el momento en que las relaciones externas se modificaron de nuevo años más adelante, al renovarse el auge de las exportaciones, abandonaron estas intenciones de desarrollo interno, dejando tan sólo un resabio nacionalista en grupos de obreros e intelectuales. En estos casos, el período de la crisis generalmente se sobrellevó a base de una retracción de las actividades, que incidió sobre todo en los sectores campesinos más desvalidos.[16]

Las relaciones de Latinoamérica con el exterior mejoraron con el inicio de la segunda guerra mundial, debido al explosivo crecimiento de las necesidades de materias primas estratégicas que requería el esfuerzo bélico norteamericano. De hecho, apenas entonces la economía mundial logró superar la crisis iniciada hacía más de una década.

La expansión de la producción inducida por el aumento acelerado del gasto público creó un auge extraordinario en los Estados Unidos y, por lo mismo, un rápido crecimiento de las economías de exportación de América Latina. Sin embargo, debido a la situación internacional del momento, fue imposible utilizar las grandes ganancias de divisas en la compra de importaciones por parte de los países periféricos, ya que el único mercado accesible —el norteamericano— utilizaba toda su oferta en la práctica bélica. Esta circunstancia creó un ambiente favorable en las naciones latinoamericanas para continuar el proceso de sustitución de importaciones iniciado en los años de crisis. De esta forma, para algunos países de la región fue posible mantener las condiciones de expansión interna a base del mismo proceso anterior de industrialización, pero ahora habría de efectuarse dentro de condiciones de auge de las exportaciones y sin peligro de competencia externa.

Al término de la guerra, las naciones de la región

16 En los países centroamericanos esta evolución característica fue particularmente notoria. Uno de los casos más claros de amortiguación de la crisis sin transformaciones internas es el de Nicaragua, una vez eliminado por las milicias norteamericanas el peligro de disidencia representado por Sandino y su movimiento popular. Véase, de la serie Análisis y Proyecciones del Desarrollo Económico, de CEPAL, *El desarrollo económico de Nicaragua,* Nueva York, 1966.

sufrieron fuertes presiones sobre sus balanzas de pago debido a que se contrajeron súbitamente las exportaciones de materias primas estratégicas y, al mismo tiempo, se inundaron los mercados nacionales con abundantes importaciones, las que fluyeron una vez que fueron eliminadas las restricciones que las habían contenido durante el período bélico. La apertura de los mercados de bienes importados tuvo como consecuencia, además de intensificar las presiones sobre la balanza externa una vez agotadas las divisas acumuladas durante la guerra, la súbita presencia de la competencia mundial en materias de manufacturas y, en algunos casos, de alimentos agrícolas.

En la mayoría de las líneas de producción industrial emprendidas por los países latinoamericanos, la pauta de sustitución de importaciones implicaba asumir costos muy elevados y, por lo mismo, altos precios de los productos, por lo que al término de la guerra debían haber sido protegidas esas actividades de la competencia del exterior. Además de la erección de barreras arancelarias, era necesario otorgar subsidios y otras ayudas de carácter financiero, fiscal, monetario y técnico, todo ello dentro de una intención general de fomento y de desarrollo de las actividades internas.

Sólo unos cuantos países latinoamericanos estaban en necesidad y en posibilidad de implantar dicha política, a veces venciendo la explicable resistencia ejercida por los exportadores que estaban obligados a competir en los mercados mundiales, para lo cual exigían la disponibilidad de bienes intermedios a bajo precio y la posibilidad de mantener los salarios en los niveles más reducidos posibles.

La solución proteccionista que se implantaba para beneficio de la burguesía nacional implicaba un elevado costo social que no todos los países estaban en posibilidades de enfrentar y casi ninguno en necesidad de hacerlo, en razón de la modesta evolución de los conflictos sociales que exigiesen como solución el aplicar este penoso procedimiento.

9. EL CAMBIO DEL ORDEN CAPITALISTA (1945-1950)

El antecedente más importante del cambio que tuvo lugar en la forma de funcionamiento del capitalismo a raíz de la segunda guerra mundial, es el que se refiere a la evolución global que se expresaba, entre muchos otros medios, en la esfera de las cuestiones financieras.

En el curso de los años treinta, la crisis orilló a Norteamérica a reducir aún más sus corrientes financieras al exterior, las que de por sí habían sido modestas en el pasado. Durante la segunda guerra mundial, la violenta expansión del ahorro que produjo la acelerada elevación del ingreso interno y el gasto encontraba su aplicación en el financiamiento de la inversión masiva que requería la permanente expansión del aparato productivo para hacer frente a las exigencias del esfuerzo bélico, incluyendo la que se llevaba a cabo en los países periféricos.

Al término del conflicto armado, se encontró la economía norteamericana con una enorme capacidad instalada que sobrepasaba ampliamente los requerimientos de la demanda interna y, al mismo tiempo, el nivel de operación de su economía había generado un volumen de ahorro que excedía con mucho las necesidades de inversión correspondientes a las reduccidas ampliaciones que solicitaba el aparato productivo. La solución a estos graves desajustes se encontró en el sector externo mediante la colocación de grandes volúmenes de ahorro en el resto del mundo, con los cuales se deberían adquirir bienes norteamericanos, dando salida a los excesos de oferta y de ahorro.

La exportación de manufacturas se favoreció por la reconstrucción europea que habría de efectuarse por medio del financiamiento que sería canalizado a través del Plan Marshall —a partir de 1948—, el cual fue de tal magnitud que fundamentó la renovación del crecimiento norteamericano. Esta fórmula se convirtió en una adecuada solución para la colocación de los excedentes de ahorro, los que, al aplicarse a la adquisición preferente de bienes elaborados en Estados Unidos, cumplían la doble función de ayudar a restablecer el equilibrio de las variables principales de su economía y de apoyar la reconstrucción europea. El precio que se pagaba de momento era el consecuente al de la aplicación de presupuestos deficitarios, pero ése, suponían los dirigentes políticos, era menor que el que habría de pagarse en caso de que se prolongase la recesión.

Para los países latinoamericanos el fenómeno mundial de la crisis de posguerra tomó la forma tradicional de contracción del sector externo, idéntica a las que había sufrido en el pasado. Todo indicaba que la relación con el exterior continuaba dentro de los cauces usuales, ya que los Estados Unidos no sólo disminuyeron radicalmente las importaciones de bienes primarios que formaban parte de sus reservas estratégicas, sino que practicaron algunos *dumpings* de los mismos, de consecuencias desastrosas para los países atrasados. Es decir, todo parecía indicar que estaba en proceso de ejecución un inevitable retorno a las prácticas usuales de antes de la guerra.

El cambio de orientación del capitalismo se dejó traslucir en los países periféricos por la mayor afluencia de inversiones directas del exterior, iniciada en algunos de ellos en los años de guerra, así como por la súbita apertura de las fuentes del crédito público para financiar obras básicas. Sin embargo, el poderoso efecto de la contracción general de la economía, trasmitida por la recesión norteamericana, fue de tal magnitud que impidió prestar atención a estos signos que, de todas formas, eran apenas simbólicos de los nuevos tiempos.

Mientras que en Europa se llevaba a cabo la reparación de los estragos de la guerra, en Latinoamérica se sucedían las devaluaciones indicativas del penoso proceso de ajuste de la actividad económica a niveles más modestos, y de contracciones en el bienestar de la mayor parte de la población. Así, en los años finales de la década de los cuarenta, se repite para la región la secuencia de efectos asociados a las crisis tradicionales y, por lo tanto, se toman las medidas usuales de defensa que, sin saberlo el estrato dirigente de los países latinoamericanos, para entonces ya son anacrónicos.

Tal anacronismo era desconocido en la región, lo cual explica que se haya emprendido un último intento de crecimiento clásico hacia adentro, por cierto inevitablemente fallido. Ésta fue nuevamente la forma de protección por la que optó la burguesía nacional ante las acciones agresivas externas. Para este efecto se organizaron, igual que 15 años atrás, movimientos populares destinados a ser la base política requerida para sustentar la pauta de crecimiento interno. A estas necesidades corresponde la organización del Partido Popular en México, el de Liberación Nacional en Costa Rica, el peronismo en Argentina, entre otros.

Sin embargo, el anacronismo de la respuesta interna en relación a las normas de funcionamiento mundial, que hacía inútil el enfrentamiento entre burguesías, habría de ponerse en evidencia en cada país, aun cuando en diferentes momentos y de acuerdo con las características de su vínculo con el exterior. A pesar de todo, las expresiones de los conflictos internos, asociados a los fenómenos de la recesión y a los esfuerzos de protección, habrían de alcanzar graves perfiles de violencia.[17]

Así como la crisis que sufría Latinoamérica había surgido del exterior, de la misma forma su solución vino de esa esfera. Los preparativos para avanzar en la transformación interna, dentro de una pauta de autonomía con respecto al exterior, no llegaron a avanzar gran cosa, ya que la inyección súbita de actividad que constituyó la expansión de las importaciones norteamerica-

17 Algunos hechos notables que tenían lugar en América Latina en esos momentos de transición, son: el inicio del peronismo en Argentina (1946); González Videla llega al poder en Chile apoyado en un frente popular (1946); Figueres encabeza una revuelta popular en Costa Rica para imponer a Ulate en la presidencia (1948); en Colombia, Gaitán es asesinado y Gómez desata la violencia (1949); tiene lugar la revuelta militar en Venezuela a fin de derribar al recién electo Rómulo Gallegos (1948), entre otros.

nas de bienes primarios para hacer su guerra en Corea disolvió buena parte del conflicto social en el que se sustentaba ese proyecto. Los efectos combinados de la activación de la economía bélica de Norteamérica por la guerra fría, y las consecuencias que en parte se trasmitieron a las economías latinoamericanas por la aplicación del Plan Marshall, aliviaron la presión externa y ayudaron a que desapareciesen las causas internas que demandaban la transformación. Con este nuevo auge se desvanecía el último impulso desarrollador de corte tradicional, que era la oportunidad final que habrían de tener las naciones latinoamericanas para abandonar el subdesarrollo capitalista, en vista de que en adelante el proyecto sería, además de anacrónico, destruido con toda facilidad por la poderosa coalición de fuerzas internas y externas.

Para América Latina, la nueva pauta del capitalismo apenas empezó a evidenciarse al término de la guerra de Corea. Esta coincidencia contribuyó a que el diagnóstico del desarrollo se mantuviese dentro de los marcos teóricos tradicionales, que ya para entonces eran obsoletos. En todo caso, la expansión de la demanda de productos primarios, inducida por la guerra de Corea y por la regularización de la operación de las economías europeas ya reconstruidas, coincidió con la influencia que ejerció sobre los acontecimientos de la región la nueva orientación del capitalismo.

La relación establecida entre la esfera subdesarrollada y el polo de hegemonía se empezó a transformar debido a la gradual sustitución de la lucha tradicional entre las manufacturas metropolitanas y las nativas en los mercados de los países atrasados, por la afluencia creciente de inversiones directas del exterior destinadas al financiamiento de plantas industriales —y también de empresas de servicios—, dedicadas a producir localmente tales manufacturas competitivas, así como a concurrir en algunos campos de los servicios, como son hoteles, comercio y otros.

Para los países periféricos esta nueva pauta representa toda la diferencia que hay entre crecer internamente para protegerse del exterior, y ser crecido desde fuera. La proliferación de las inversiones directas en manufacturas y en servicios, casi todas de origen norteamericano, que empezaron a aplicarse en volumen creciente desde los primeros años de la década de los cincuenta, elimina la necesidad que antes tenía la burguesía nacional de protegerse del exterior y, sobre todo, elimina la posibilidad de hacerlo. En cambio, las nuevas condiciones de funcionaimento permiten una expansión empresarial bajo la poderosa protección de los intereses externos, con lo que el nacionalismo económico pierde utilidad y razón de existir.

Por último, es interesante resaltar la prosperidad que conlleva la absorción de este nuevo comportamiento internacional para los países atrasados —industrialización, mayor actividad, aumento de capacidad para importar—, que recuerda el efecto parecido que creó la incorporación de estas naciones a las corrientes comerciales, a finales del siglo anterior.[18]

10. LA ETAPA DEL ANTIDESARROLLO COMO DESTINO CAPITALISTA

La terminación de la guerra de Corea representó, tal como se temía, una grave perturbación de la economía norteamericana, la cual se trasmitió por los canales tradicionales a los países latinoamericanos. Aumentaron considerablemente las presiones sobre las balanzas de pago, tanto por el deterioro que observaron las exportaciones de bienes primarios, que decaen 10 por ciento

[18] También es interesante señalar el efecto similar que tuvieron ambas circunstancias —el auge exportador del siglo pasado y la industrialización de mediados del presente— sobre la superestructura. Así como en la primera se pensaba que se llevaría al país por el camino del progreso y la prosperidad, en la segunda se supuso que al fin se vislumbraba la posibilidad del bienestar gracias a que se había iniciado un desarrollo industrial vigoroso y sostenido.

en 1953 debido principalmente a que su valor unitario se contrae 7 por ciento, como por las exigencias de importaciones que planteaban el consumo y las funciones productivas con el fin de mantener la estabilidad interna, amenazada por el brusco frenaje que sufrió la economía. Como consecuencia, hubo necesidad de reducir drásticamente las compras externas (decayeron casi 15 por ciento las importaciones en 1953) y, aun así, la depresión impuso la devaluación de varias monedas latinoamericanas.

Para entonces habían desaparecido algunos de los elementos que condicionaban la forma de relación externa que había prevalecido hasta mediados del siglo, y en cambio, todavía no estaban presentes los factores que habrían de constituir las variables determinantes de la dinámica económica dentro de la nueva manera de operación del sistema económico, creándose una pauta de transición y ajuste, muchas veces de penosas consecuencias.

En términos generales, la crisis de 1953 en los países latinoamericanos tendió a traducirse en reducciones de la actividad económica (el producto por habitante se redujo en cerca del 2 por ciento), en el ajuste de las funciones de consumo y de inversión mediante elevaciones de precios internos y, en ocasiones, mediante la modificación de la paridad monetaria, todo lo cual creó la acumulación de presiones sociales.[19] Sin embargo, estos síntomas habrían de resolverse en evoluciones novedosas en comparación con las que tradicionalmente habían sucedido en circunstancias similares.

Desde esos años, los estratos dirigentes optaron cada

[19] Un acontecimiento directamente asociado con el brutal estrangulamiento externo de 1952 es la revolución nacionalista boliviana encabezada por Paz Estensoro. El proyecto de transformación que intentó sólo era parcialmente aplicable debido al cambio que para entonces ya había pasado el capitalismo. También es de señalarse el inicio de los desquiciantes procesos inflacionarios que plagaron a varias economías de la región, los cuales fueron los mecanismos de ajuste de éstas en su nueva condición.

vez más por la utilización de métodos rígidos de control interno, en vista de que, por la propia transformación que había tenido lugar en la esfera mundial, se iba perdiendo la única vía de solución creativa de las perturbaciones más poderosas del sistema, o sean, las originadas en las variaciones del sector externo, al irse imposibilitando la alternativa del crecimiento interno de carácter autónomo.

El panorama nacional en los países atrasados estaba acotado por nuevos elementos, ya que la vulnerabilidad creciente de la economía como conjunto, creada por la imposibilidad de aplicar soluciones de crecimiento alterno, correspondía una mayor separación de las clases sociales, así como una pérdida de flexibilidad en el uso de instrumentos políticos. Por otra parte, un factor adicional que contaba en los acontecimientos de estos años de transición consistió en que las ventajas económicas del nuevo orden aún no se obtenían, aunque sí las consecuencias en lo que se refiere a la vulnerabilidad de las economías. Era pues inevitable que el aumento de la tensión creada por la depresión externa habría de encontrar salida en imprevisibles explosiones políticas, de violencia creciente y de carácter cambiante.

Así, se clausuraron los pocos canales disponibles para evadir los efectos recesivos, consistentes en los medios de transformación de los impulsos depresivos en aperturas al crecimiento interno y, por lo mismo, se acentuó el uso del garrote para apagar los conflictos políticos, lo que, en consecuencia, colaboraba a radicalizar las reclamaciones de los sectores disidentes del esquema de operación, quienes se negaban a conformarse con el hecho de que el bienestar estuviese sujeto a las vicisitudes del exterior.

A pesar de que esta tendencia general se expresaba agudamente en los períodos de contracción económica y se aliviaba en las etapas de auge, el devenir cíclico iba creando nuevas resistencias sociales, en algunos casos de carácter acumulativo a irreversible, que planteaban exigencias acerca del sostenimiento de los niveles del consumo y de la ocupación, así como acerca del derecho a la participación en los asuntos públicos a través de la representación política. Este proceso de cambio, en parte producto de la agudización de los medios de control ya comentada, fue determinando una mayor sensibilidad de la población en torno a las cuestiones internas, así como una capacidad de reacción más inmediata e intensa ante las perturbaciones del funcionamiento social. [20] Pero intervenían otros factores que es necesario examinar.

En la primera mitad de la década de los cincuenta tienen lugar dos cuestiones de gran importancia para Latinoamérica. Una de ellas consiste en la plena incorporación de la región a la guerra fría, que incluyó el apoyo irrestricto de Norteamérica a los gobiernos fuertes y el establecimiento de vínculos militares más estrechos, preferentemente sancionados por acuerdos y tratados multilaterales. Así, los procesos de cambio que podían transformar las condiciones del subdesarrollo de los países latinoamericanos se enfrentarían a resistencias más poderosas y a represiones más brutales.

La segunda cuestión consiste en la necesaria preparación técnica de la región para emprender la nueva pauta de crecimiento. Esta adaptación habría de sustentarse en la existencia de una infraestructura económica adecuada para responder a las exigencias que planteaba el funcionamiento de una industria más avanzada y una agricultura eficiente. No menos urgente era la modernización del aparato administrativo —público y privado— y la preparación del personal idóneo para operar el nuevo sistema productivo y de servicios.

[20] Algunos hechos notables en el panorama latinoamericano, asociados a este recrudecer de las luchas políticas, consisten en el surgimiento de dictaduras tales como la de Batista en Cuba (1952), de Pérez Jiménez en Venezuela (1953), de Rojas Pinilla en Colombia (1953), la brutal imposición de Castillo Armas en Guatemala por Norteamérica (1954), la de Stroessner en Paraguay (1954). En otro orden de acontecimientos, pero igualmente relacionados, está el suicidio de Getulio Vargas en Brasil (1954), la caída de Perón en Argentina (1955), el asesinato del presidente Remón de Panamá (1955), entre otros.

Estas modificaciones básicas exigían que se efectuase la aplicación de inversiones públicas y privadas de gran cuantía, la ampliación y mejora de los servicios, así como introducir una orientación renovadora en las funciones que deberían llenar las instituciones públicas. Para emprender estos ambiciosos propósitos se requerían volúmenes mayores de ingresos públicos y un ordenamiento de sus asuntos, todo lo cual resultaba en la necesidad de elaborar programas básicos de acción.

A este propósito, América Latina fue recorrida en esos años por múltiples misiones norteamericanas —y en ocasiones, también europeas—, dedicadas a la elaboración de elementos de política económica, encaminadas a efectuar esa adaptación interna al nuevo destino que incluían, generalmente, un diagnóstico, un programa de inversiones en obras básicas (comunicaciones, transportes, energía eléctrica, etc.) y los componentes esenciales de un ordenamiento de la administración pública y de sus finanzas. Con frecuencia, los estudios efectuados con este propósito constituían las primeras investigaciones sistemáticas del desarrollo de las economías latinoamericanas de la época moderna.[21]

Una vez efectuadas las adaptaciones infraestructurales esenciales, que en general se completaron en la segunda mitad del decenio de los cincuenta, la afluencia de inversiones directas norteamericanas empezó a elevarse rápidamente (el promedio anual del flujo neto de capital pasa de 300 millones de dólares en 1946-50, a 700 en 1951-55 y a 1 490 en 1956-60), creando con ello numerosos e importantes efectos sobre el crecimiento de los países de la región. Por un lado, la actividad económica se impulsó por efecto de la ejecución de las inversiones a través de la demanda de bienes y servicios nacionales que se requerían para estos propósitos y, sobre todo, por efecto de la operación de las nuevas ins-

[21] Véase, por ejemplo, de la Comisión Mixta del Gobierno de México y el BIRF, *El desarrollo económico de México y su capacidad para absorber capital del exterior*, Nacional Financiera, México, 1953.

talaciones que demandaron más fuerza de trabajo, así como diversos bienes intermedios de la economía. También necesitaban usualmente de algunos bienes primarios y semimanufacturas que debían importarse al no disponer de ellas en el país. Además de esas importaciones era indispensable la compra en el exterior de los bienes de capital necesarios, todo lo cual incidía sobre la balanza de pagos, junto con el envío de utilidades de inversiones al exterior, en sentido opuesto al efecto positivo que sobre la capacidad para importar había producido el movimiento financiero inicial de la inversión externa.

Así, se iba consolidando una paradójica relación debida a la necesidad de disponer cada vez de mayor volumen de fondos externos, con el fin de cubrir las crecientes remisiones de utilidades e intereses de las inversiones directas (en promedio anual, pasan de 670 millones de dólares en 1946-50, a 915 en 1951-55 y a 1 217 en 1956-60). En vista de las normas que prevalecieron en los mercados financieros internacionales hasta el inicio de la década de los años sesenta, aquello era posible casi exclusivamente por medio de nuevas inversiones directas, por estar seriamente limitada la disponibilidad de fondos para el financiamiento público.

Aun cuando aparentemente el proceso de industrialización continuaba sucediendo en torno a la sustitución de importaciones igual que 20 años atrás, su razón de ser y los efectos que tenía sobre el funcionamiento interno habían cambiado profundamente. Cuando en el pasado tuvieron lugar los esfuerzos más enérgicos para emprender un desarrollo industrial, los empresarios nativos financiaron sus proyectos de inversión mediante los escasos ahorros internos, consistentes en fábricas en las que se trataba preferentemente de aprovechar, aun cuando no siempre en forma consciente, la abundante mano de obra existente, dentro del estrecho límite de elección que permitía la tecnología del momento.

En cambio, la nueva pauta que prevaleció desde mediados del siglo actual se caracteriza por ser en gran parte un producto de la necesidad metropolitana de colocar los excedentes de ahorro, para lo cual se aplica a financiar —y en buena parte a determinar— la industrialización de los países periféricos, de acuerdo con las normas técnicas más favorables a intereses correspondientes a una economía en la que el factor más abundante y barato es el capital.

La forma de dependencia con respecto al exterior se fue transformando rápidamente en función de las nuevas orientaciones de la economía metropolitana y de los cambios correspondientes que se producían en el ámbito interno de los países atrasados. A la dependencia secular de carácter comercial determinada por las necesidades de importación que requerían el aparato productivo y el consumo de la población del país atrasado, y a la vulnerabilidad correspondiente de la economía ante las variaciones de la capacidad para importar, producidas en el ámbito del intercambio mercantil, se iban incorporando factores diferentes de creciente importancia.

Vale señalar, entre estos factores, el de orden tecnológico antes mencionado, consistente en la creciente dependencia asociada a la incorporación de técnicas que hacían uso intensivo del capital por parte de las industrias creadas mediante inversiones directas del exterior, y que iba teniendo consecuencias importantes en la ocupación de la mano de obra en general y en la especializada. El personal requerido se limitaba al necesario para mantener en operación a las instalaciones, lo cual incidía negativamente en la posibilidad de crear una tecnología nativa, más apropiada a las condiciones locales del desarrollo. Es interesante señalar que estas circunstancias se apoyaban en una marcada pasividad del país atrasado ante los acontecimientos que afectaban seriamente su futuro técnico, sobre todo en los períodos de aumento del bienestar. Pero esta pasividad, que es consecuencia del subdesarrollo y al mismo tiempo determinante del mismo, vuelve innecesario el esfuerzo de emprender labores de investigación técnica y científica, ya que todas las soluciones provienen de la metrópoli y, por lo mismo, en ella se van concentrando todos los incentivos para efectuar esas actividades.

Un ejemplo notorio de este tipo de evolución, es el de la ciencia agronómica latinoamericana, la cual pierde terreno en el panorama de la educación superior, a pesar de la gran importancia que tienen las actividades agropecuarias en la región. Ello se debe a que la dependencia tecnológica diluye los incentivos para crear sistemas nacionales de investigación y simplifica las tareas de extensionismo y de asistencia técnica que se otorga a los campesinos, en vista de que la mayoría de las respuestas a cuestiones de este orden se venden junto con los productos intermedios manufacturados, tales como insecticidas y fertilizantes, y con los aparatos y equipos agrícolas. Esta práctica de las empresas vendedoras, que sin duda representa un ahorro de esfuerzos técnicos y científicos para la sociedad atrasada es, por lo mismo, uno de los muchos mecanismos de trasmisión y alimentación del subdesarrollo.

El proceso de incorporación a la nueva pauta de operación del capitalismo no ocurrió simultáneamente en todas las naciones latinoamericanas. Primero fue notorio en las economías que habían alcanzado la mayor expansión industrial en el pasado, ya que eran las que disponían de una infraestructura más adaptada para recibir nuevas instalaciones industriales. No menos importante como factor de atracción de las inversiones externas era la dimensión del mercado nacional.

Sin embargo, la ponderación de estos factores en el grado de atracción de la inversión extranjera se modificó más adelante, al iniciarse una nueva etapa en su comportamiento, en la que ya no sólo se trataba de crear nuevas plantas industriales, sino también de adquirir unidades ya establecidas. Estos casos, que empiezan a ser frecuentes desde finales de la década de los años cincuenta, operan mediante la participación financiera externa en industria autóctonas, en las que permanece como socio, y a veces como gerente, el antiguo empresario nativo.[22]

En razón de su grado de adaptación a las nuevas funciones, resultado de la dimensión de la economía y del avance logrado, paradójicamente, en la etapa de crecimiento hacia adentro, los primeros países receptores de las inversiones externas fueron Brasil, México, Colombia, Venezuela, Argentina, Perú y Chile, estableciéndose una estrecha interdependencia entre el crecimiento industrial que registran de allí en adelante y las corrientes financieras externas.

A pesar del cambio en las condiciones de operación de los países atrasados, éstos continuaron aplicando los principios de política que correspondían a la defensa de la burguesía nacional de la agresión económica externa. Aun cuando esta política se tornó selectiva, en el sentido de eliminar aquellos aspectos de la misma que obstaculizaban la plena absorción de la nueva manera de funcionamiento social, la preservación de buena parte de los elementos protectores de la actividad interna resultaba redundante a este propósito y, en cambio, incidía en contra de las posibilidades de mejora del bienestar de la población, al auspiciar la existencia de amplios márgenes de utilidades de los empresarios. Pero en todo caso, ésta era una evolución congruente con la tónica de las formas de producción prevaleciente y con las peculiaridades del atraso, en el sentido de constituir el medio más adecuado para el florecimiento de la forma capitalista de producción, dada la debilidad de los núcleos laborales y de los consumidores nacionales.

La protección se extendió a todo tipo de unidades

[22] No todas las inversiones extranjeras provienen de grandes consorcios o firmas internacionales. Algunos turistas han decidido asentarse e invertir los ahorros familiares en pequeñas empresas de servicios, que de hecho funcionan como capitales nacionales. Véase Pedro Paz, "Dependencia financiera y desnacionalización de la industria interna", *Trimestre Económico* 146, abril-junio de 1970.

productivas, independientemente del origen de la inversión y del costo social que ello implicaba. En el proceso de extensión el proteccionisno fue cambiando gradualmente de finalidad y de contenido de acuerdo con la modificación global de todo el sistema. De ser inicialmente una barrera arancelaria nacional para defender a las débiles actividades internas del exterior hostil, pasa a ser una barrera internacional para retener cautivos los mercados y defenderse de las resistencias de los consumidores y de los estratos laborales disidentes de las nuevas normas.

En el curso de los años cincuenta las tendencias apuntadas fueron avanzando y consolidándose. La afluencia de capital extranjero, pese a variaciones importantes, se mantuvo en crecimiento desde la segunda mitad del decenio, llegando a triplicar, en el conjunto de América Latina, el volumen promedio anual con respecto al nivel alcanzado en la primera mitad. Las formas de dependencia iban transformándose correlativamente, en la medida en que el sistema atrasado absorbía los nuevos impulsos y se iba adaptando consecuentemente a ellos, aun cuando por largo tiempo habría de prevalecer todavía el intercambio comercial como principal medio de relación y de trasmisión de impulsos.

El cambio cualitativo en la forma de operación quedó plenamente evidenciado en el curso de 1958, cuando las exportaciones decayeron por dos años consecutivos, debido a la marcada contracción de la demanda norteamericana de bienes primarios. En las economías latinoamericanas, al efecto sobre las corrientes de comercio se aunó la influencia de la salida de capitales, sobre todo los de corto plazo, que operó en igual sentido que los factores depresivos generados por la caída de las exportaciones, los que, de todas formas, continuaron siendo los principales elementos determinantes de la perturbación interna.

Es necesario acentuar la importancia de los acontecimientos de 1958 por ser un año clave en la explicación del subdesarrollo latinoamericano. En esa ocasión se puso en evidencia por primera vez la elevada importancia que iban cobrando las corrientes financieras en los asuntos del atraso.

En efecto, la forma de operación de las subsidiarias en Latinoamérica de los consorcios internacionales, que ya para entonces se habían convertido de hecho en el eje del desarrollo industrial de la región, enviaban el mayor volumen posible de fondos de todo tipo a sus matrices, con el fin de asistirlas financieramente. Por otra parte, las economías latinoamericanas, a través del proceso de industrialización, de urbanización y con la influencia del crecimiento demográfico, entre otros factores, habían incorporado cambios subsecuentes, e irreversibles en muchos casos, en las estructuras sociales y en el funcionamiento global de la sociedad. Se iba engrosando el estrato medio de la pirámide social; iban modificándose las pautas de comportamiento de las clases y se iban multiplicando las aspiraciones de grandes núcleos de la población, sobre todo de la urbana.[23] También se transformaban las condiciones de su funcionamiento y, por lo mismo, el contenido y características de los conflictos sociales.

A este respecto debe señalarse el importante papel que ha desempeñado el sistema educativo. En la etapa de expansión industrial, agrícola y de los consiguientes servicios, la demanda de personal capacitado para echar a andar el nuevo aparato productivo creció aceleradamente. Con ello, las instituciones de educación superior se vieron en la necesidad de ampliar rápidamente la producción de especialistas —con frecuencia, a costa de sacrificar la calidad de la educación—, presionadas como estaban por las exigencias del sistema productivo y por la afluencia de población en demanda de capa-

[23] Habría de señalar la simultánea expansión del fenómeno de "marginalismo" en sectores urbanos y la persistencia de tendencias al aislamiento de grupos rurales. Sin embargo, el comportamiento de estos núcleos no modifica sustancialmente la tendencia general a la que se refiere el texto.

citación. El título universitario y la educación superior se convirtieron en medios efectivos de movilidad social, aun cuando eran medios inevitablemente limitados. Esta limitación habría de ponerse en evidencia en las etapas de bloqueo del mercado de trabajo, lo que sucedía en períodos recesivos, particularmente en las disciplinas tradicionales, cuyos campos de acción se encontraban permanentemente saturados.

Las modificaciones de las formas de operación del sistema social tuvieron repercusiones en la distribución de los beneficios del crecimiento económico entre las clases sociales, sobre todo en el curso de los años cincuenta. La clase media, beneficiaria en parte de las consecuencias del crecimiento, pronto empezó a resentir la terminación de la expansión inicial, lo que en combinación con su aumento demográfico presionaba hacia la pérdida de su ventaja comparativa con respecto a la clase trabajadora. Todo ello inducía una mayor sensibilidad ante las consecuencias de las crisis internas, pero, con todo, las posibilidades de elevarse hasta la aristocracia —ocasionalmente confirmada por la realidad— hacían de la clase media el amortiguador social por excelencia. Aun en el caso de sociedades latinoamericanas sujetas a la más ostentosa inflación en los años cincuenta, las clases medias habrían de mantener una pasividad inalterable.

No menos profundo era el cambio que tenía lugar en otras clases sociales. Por un lado, el estrato proletario fue confrontado con el abandono de la práctica de la unidad nacional, acompañado primero por el relativo auge creado por el proceso de industrialización, lo cual incidió seriamente sobre la posibilidad de que los núcleos laborales pudiesen apreciar su condición. Los caminos abiertos a la movibilidad social, sobre todo a través de la educación, condicionaban con frecuencia la proyección de las reivindicaciones de los individuos a las generaciones siguientes, al poner los obreros su esperanza de mejora familiar en la educación de los hijos. A esta característica se aúna la marcada influencia apaciguadora y mediatizadora de conflictos sociales, ejercida por la abundante migración rural hacia áreas urbanas.

Sobre todo a finales de los años cincuenta empezaron a modificarse algunos de los mecanismos antes señalados, bajo la influencia de las nuevas normas de funcionamiento de la economía que incidieron en particular sobre la población urbana. En esa medida iba teniendo lugar una "proletarización" de algunos núcleos proletarios privilegiados, en un movimiento paralelo y simultáneo de pérdida de perspectivas de acceso al estrato elevado que afectaba a la clase media.

De igual forma, los sectores rurales estaban sujetos a modificaciones en su función social. En la mayor parte de los países de la región, estos sectores habían quedado expuestos a dos poderosas influencias transformadoras. Por un lado, en alguna medida se filtraban beneficios creados por el auge externo —por medio de la ocupación y de la elevación del ingreso—, así como los causados por la nueva pauta de funcionamiento interno, asociados al proceso de industrialización. Por otro lado, el movimiento migratorio extraía los individuos más emprendedores y activos de esos sectores, eliminando con ello los elementos más capacitados para emprender acciones de organización y transformación social.

Dicha evolución vino a acelerarse en la crisis de 1958, debido a que para entonces había aumentado considerablemente la sensibilidad social, por lo que surgieron presiones poderosas para la renovación del panorama político en la búsqueda de soluciones al estrangulamiento económico. De esta manera, y asociados a esas presiones internas, sucedieron, en el curso de 1957, el asesinato de dos dictadores militares (Somoza en Nicaragua, Castillo Armas en Guatemala), la deposición de Rojas Pinilla, dictador de Colombia, así como de Pérez Jiménez, dictador de Venezuela. Al mismo tiempo, mientras que en Cuba triunfa la revolución al echar al dictador Batista, en México tienen lugar violentas manifestaciones que se parecen peligrosamente a la huelga general.

Debe de subrayarse el carácter más radical que cobran los conflictos internos antes mencionados en comparación con los del pasado, y el hecho de que, con excepción de Cuba, no contaban los núcleos disidentes con una solución política y económica coherente. Asimismo es de señalar que los acontecimientos latinoamericanos de los años sesenta habrían de estar profundamente influidos por la presencia de la Revolución cubana, tanto por la perturbación que ella introdujo en el estrecho esquema de operación exclusivamente capitalista de la región, como por los intentos de anulación de su influencia por parte de los Estados Unidos.

La acción más evidente de este tenor consistió en la organización de la Alianza para el Progreso dentro de los lineamientos ensayados por el Plan Marshall 15 años atrás, pero de dimensiones más modestas. Desde 1961 empezó a aplicarse, principalmente en forma de créditos "atados", otorgados para financiar inversiones en obras públicas y condicionados a la ejecución de graduales transformaciones administrativas y organizativas que se suponía habrían de garantizar la modernización y rápida evolución económica de los países. Al igual que en el caso del Plan Marshall, en este programa se daba gran acento a las inversiones privadas externas para transformar los países.

El efecto inicial de la repentina afluencia de créditos fue extraordinario pero efímero. Se financiaban múltiples proyectos que se habían acumulado por años debido a la penuria pública, pero, en cambio, no estaban preparadas las instituciones nacionales para sostener una corriente de proyectos adecuados, ni las economías para absorber el peso creciente del servicio de la deuda exterior. Por otro lado, los países ajustaron con rapidez sus niveles de funcionamiento económico y de consumo a las nuevas condiciones, por lo que el efecto neto de tales aportaciones de créditos externos sirvió principalmente para sostener las exigencias de satisfactores creadas hacía poco tiempo. En cambio, pese al modesto efecto de las principales transformaciones estructurales que, según los arquitectos de la Alianza para el Progreso, habrían de evitar la extensión de los conflictos sociales, se introdujeron factores adicionales de cambio, pero no en las líneas previstas por los diseñadores de la política externa norteamericana, sino todo lo contrario, ya que su importancia residió en auspiciar procesos evolutivos que acentuaron el conflicto social.

De esta manera, las tímidas iniciativas para implantar reformas fiscales, o para organizar exóticas reformas agrarias que por su contenido y forma pertenecen más a las condiciones europeas del siglo pasado que a los problemas actuales latinoamericanos, tuvieron gran importancia en la medida en que crearon fermentos de demandas sociales y bases de movilización de la población, que habrían de rebasar los precavidos diseños iniciales, como habría de evidenciarse más adelante.

Solamente tres años fueron necesarios para que se acabase de modificar el sistema de interdependencia establecido entre el mundo subdesarrollado y la metrópoli.

En ese lapso (1958 a 1961), la influencia de inversiones directas extranjeras que recibió la región continuó creciendo rápidamente, una vez superada la última recesión de los años cincuenta. Estas inversiones se dirigieron preferentemente a las actividades más dinámicas, con lo que las economías atrasadas se encontraron sujetas a factores extranacionales y por tanto incontrolables, que podían perturbar el funcionamiento de los sectores más importantes. Las variaciones de las corrientes financieras, dictadas por condiciones ajenas al funcionamiento interno, afectaban directamente los procesos productivos principales sin posibilidad de mediación ni de previsión por parte de las entidades públicas o privadas autóctonas. Esto podía permitir un más intenso aprovechamiento de los factores impulsores del crecimiento económico y del bienestar, pero también constituía un mayor avance del subdesarrollo.

En el curso de 1961, la nueva recesión avanzó abiertamente a través de los dos canales indicados.

Por un lado, el efecto sobre las ventas de exportación, según los mecanismos seculares de trasmisión de impulsos del exterior, operó plenamente e influyó como de costumbre en la ocupación, ingreso, consumo y formación de capital de los países atrasados.

Por otro lado, tuvieron lugar fenómenos en la esfera financiera de primera importancia al reducirse el flujo de inversiones directas (1961 a 1963) y la afluencia de capitales de corto plazo (1962 y 1963). Estas variables habían sido afectadas por la evolución de la economía norteamericana, que demandaba todo el financiamiento posible, lo cual sólo reflejaba el comportamiento de las grandes empresas que requerían los fondos disponibles, incluyendo capital de trabajo, para apoyo de las matrices a costa de cualquier otra consideración. Por esta razón las subsidiarias en el exterior se vieron obligadas a efectuar dichos movimientos financieros, aun en el caso de que este procedimiento implicase pérdidas de utilidades para las subsidiarias.

Los cambios en la esfera financiera provocaron por lo menos dos efectos inmediatos en las sociedades atrasadas. Por una parte, se redujo el nivel de actividad en algunas de las mayores empresas agropecuarias, mineras y plantas manufactureras, lo cual tuvo efectos indirectos adicionales en el resto de la economía a través de la variación de la demanda de bienes intermedios y finales. Por otra parte, se acentuaron las presiones sobre la balanza de pagos, al añadir al desequilibrio comercial de corte tradicional las salidas de capital privado, incluyendo los fondos de carácter especulativo no registrado, contenidos usualmente en el renglón de errores y omisiones de la balanza de pagos.

Algunos indicadores de los cambios registrados en las variables económicas del conjunto de América Latina muestran la magnitud del efecto de estos factores: en 1963 se reduce el flujo de financiamiento externo en 60 por ciento con respecto al del año anterior; desciende el valor unitario de las exportaciones; las importaciones, medidas a precios constantes, decrecen 2 por ciento, así como la inversión bruta fija, que se reduce 7 por ciento. El producto interno bruto, también medido en términos reales, apenas aumenta 2 por ciento —una parte dedicada al incremento de inventarios—, por lo que el ingreso por habitante disminuyó 1.5 por ciento.

Se detecta en esos años la influencia decisiva que sobre el quehacer económico ejerce el impulso a las exportaciones, asociado principalmente a las necesidades creadas en Norteamérica por la extensión de su guerra de Vietnam. En primer término, se recuperaron los precios de los minerales estratégicos —cobre, níquel, plomo, estaño, zinc— y fueron seguidos por la elevación de las cotizaciones de otras exportaciones tradicionales de la región —algodón, café, carnes, lana, frutas—, dando por resultado global un mejoramiento notorio del índice general del valor unitario del conjunto de las ventas al exterior.[24]

En segundo término, desde finales de la década anterior había sido evidente la marcada limitación de la demanda a la que se enfrentaba el proceso de industrialización en Latinoamérica. El camino de la sustitución de importaciones, como base para sustentar el crecimiento industrial, se agotaba con rapidez debido a que los países mayores ya producían localmente la mayor parte de los bienes de fácil sustitución, o sean los de consumo y unos pocos intermedios y de capital. En cambio los nuevos estadios de la producción manufacturera planteaban la sustitución de bienes intermedios y de capital cuya tecnología de producción imponía una magnitud mínima de plantas que superaban con frecuencia la dimensión de los mercados nacionales y, en ocasiones, demandaba soluciones técnicas de complejidad mayor a la capacidad existente. Estas circuns-

24 Para América Latina, excluyendo Cuba, el índice de valor unitario pasa de 100 en 1960 a 96.3 en 1962 y a 104.6 en 1966. Véase *Estudio económico de América Latina 1967,* Naciones Unidas.

tancias se combinaron con algunas consideraciones en torno a la necesidad de alcanzar mayor eficiencia operativa de ciertas funciones económicas y administrativas —interconexión eléctrica, control común de comunicaciones, etc.—, para auspiciar la organización de bloques económicos que, en una primera etapa comercial, aspiraban a liberar el intercambio.

El surgimiento de la Asociación Latinoamericana de Libre Comercio y del Mercado Común Centroamericano en 1960 respondió fundamentalmente a estas finalidades, aun cuando tienen marcadas diferencias en las modalidades de operación en cada caso, producto de las características estructurales de los países que forman cada bloque. Estas diferencias se expresan claramente en el respectivo mecanismo inicial de liberalización del comercio que se estableció a partir de la implantación de aranceles comunes: en el caso de la ALALC, un sistema de negociación de listas de bienes sujetos al libre tránsito; en cambio, en el MCCA, se determinó una lista de bienes de excepción al libre comercio. En todo caso, la regionalización del comercio apoyó en cierta medida la expansión manufacturera, implantando un proteccionismo fiscal a un nivel multinacional, similar al que antes había sido aplicado dentro del ámbito de cada país.

El auge asociado a los factores antes mencionados pronto perdió su dinámica en vista de que los beneficios creados habían sido absorbidos y transformados en elementos del funcionamiento cotidiano, y que no surgían nuevos incentivos de suficiente intensidad en la actividad mundial. No sólo se limitaron tales incentivos sino que además, a partir de 1966, la coyuntura de la economía mundial empezó a ejercer una influencia depresiva en la esfera financiera, mientras que al mismo tiempo se multiplicaban las presiones inflacionarias dentro del ámbito de los países atrasados.

La distorsión entre las funciones productivas y las condicionantes de la dinámica de la demanda en los países adelantados, particularmente de la economía norteamericana, ejercieron poderosa influencia en los países atrasados. Todas las circunstancias presentes se conjugaban para acentuar la dimensión y los efectos de dicha influencia, que se expresó en varias formas.

Por un lado, la peculiar situación de la economía mundial, que en su ámbito norteamericano se caracteriza por una singular coincidencia de componentes inflacionarios con la existencia de presiones deflacionarias, auspiciaba distorsiones importantes en el funcionamiento de las economías atrasadas. En éstas, las exportaciones se encontraron sujetas a variaciones con tendencias a la baja —en lo que hace a su valor unitario— que repiten los tradicionales efectos depresivos. Además, el motor principal del crecimiento industrial de los años recientes, o sea la inversión externa, que habría de aumentar indefinidamente para sostener la misma pauta de expansión de la economía, tiene por lo contrario una tendencia a coincidir en su contracción con las correspondientes a las exportaciones. El tercer factor externo que sostiene la pauta de crecimiento reciente, o sean los flujos de financiamiento público, al estar en general sujetos en su origen a las misma condicionantes globales que otras variables externas, se inclinan a evolucionar en igual sentido que los otros dos factores citados. A este respecto, nótese la contracción de estos fondos en coincidencia plena con la condición crítica financiera en los Estados Unidos, indicada, entre otras formas, por las tormentas monetarias en la relación oro-dólar.

Al mismo tiempo, continuando su camino hacia el subdesarrollo, los países latinoamericanos han ido ajustando su economía para lograr el máximo provecho inmediato de las circunstancias impuestas por las nuevas normas de la economía mundial, lo que sucede al mismo tiempo que se eleva el ingreso por habitante. En el ámbito de la producción es de señalar, como notoria excepción en esta tendencia auspiciadora del subdesarrollo, la absorción de las condiciones técnicas y organizativas que constituyen la base de la "revolución verde", que ha modificado sustancialmente la ponderación que tenía la oferta de alimentos y bienes intermedios de este sector en la operación de la sociedad.

Estas nuevas orientaciones arrastran por consecuencia las principales funciones sociales hacia formas diferentes de operación en razón de su adaptación correspondiente. Pero, dentro de esta adaptación, prevalece la norma de lograr el mayor beneficio de las condiciones del momento, y éste se alcanza, dentro de la nueva manera de funcionar, mediante la mayor identificación y pasividad de todo el sistema de esta manera de producir. O sea que, a nombre de la eficiencia y de las mayores ventajas inmediatas, se auspiciaba la vulnerabilidad de las economías.

Desde 1966 empezaron a surgir evidencias de que los mejores días de la nueva pauta habían pasado. En el nuevo nivel de requerimientos sociales, los breves repuntes de los mercados mundiales, las repentinas aperturas de nuevas inversiones o la eventual contratación de créditos externos no alcanzaban ya a aliviar plenamente los conflictos internos. Para ello hubiera sido necesaria una constancia en el crecimiento que no podían sustentar las variables externas. Al mismo tiempo, la producción interna estaba cada vez más estrechamente asociada a las variables comerciales y financieras del exterior, particularmente la minería, las actividades industriales, de servicios y la agricultura de exportación, que influían no sólo a través de los canales tradicionales (ingreso, demanda, ocupación), sino también por vía de relaciones de costos, de precios y de financiamiento de la producción con lo que se distorsionaban todas las funciones económicas.

Un peculiar resultado de esta condición es que, dentro de una crisis general de la economía atrasada, bajo condiciones inflacionarias, elevada desocupación de la mano de obra y pérdida de reservas de divisas, puede suceder que al mismo tiempo el producto, medido a precios constantes, se eleve sustancialmente. El desajuste entre las esferas de las funciones reales y sus expresiones monetarias se resuelve con frecuencia por medio de bruscas devaluaciones y cambios en las relaciones de precios internos, que más adelante influyen en la asignación de factores a la producción. Al mismo tiempo, soluciones sociales que se antojarían más adecuadas no pueden aplicarse por ser incompatibles con el sistema, como sería el caso de pretender cambios en el consumo a través de una redistribución del ingreso, o la manipulación de relaciones de precios para reasignar recursos.

El hecho de que los factores dinámicos y limitantes del funcionamiento de las economías se localizaran cada vez más en la esfera exterior hace que los gobiernos se encuentren gradualmente más incapacitados para actuar propositivamente para responder positivamente a las exigencias sociales, sobre todo al haber perdido los principales medios de control de las variables económicas más importantes de que disponían algunas décadas antes.

A partir de 1968, el conflicto se agudizó en forma alarmante. En América Latina la incapacidad para procurar una salida viable a las poderosas presiones externas e internas se tornó, en algunos casos, en violentas transformaciones políticas con una aspiración nacionalista —Panamá, Perú, Bolivia—; en otros se sublimó en conflictos internacionales en los que era notorio que su origen se encontraba en la insuficiencia y deformación de los sistemas económicos —conflictos entre Honduras y El Salvador—; en algunos más se iniciaron y se agudizaron procesos de disgregación interna con enfrentamientos abiertos entre núcleos disidentes de la pauta prevaleciente, y los respectivos gobiernos —Uruguay, Brasil, Chile, Colombia, Venezuela, Guatemala, Nicaragua. En otros más, los choques que se dieron en esas jornadas fueron mucho más espontáneos y delimitados —México, Argentina, Ecuador—, tal vez en razón de que el conflicto principal todavía provenía de expresiones de irritación de clases medias, más que de acciones generalizadas de los sectores laborales. En todo caso se definen tres corrientes al principio de la década de los años setenta.

En primer lugar está el intento, tal vez desesperado y anacrónico, de revivir un nacionalismo económico en algunos de los países latinoamericanos. Esta opción, aparentemente impuesta a los estratos de clase media por el estrangulamiento del sistema económico, es una alternativa a la proposición radical de transformar totalmente el sistema. De aquí, tal vez, la explicación del resurgimiento electoral de algunos de los líderes del nacionalismo capitalista más tradicional que resaltaron en los años gloriosos de esa proposición, junto con otros que en su tiempo practicaron la mano dura —Rojas Pinilla en Colombia, Figueres en Costa Rica, Ibarra en Ecuador—, así como el inicio de esa novedosa alternativa que parecen constituir algunos gobiernos militares nacionalistas —Perú, Bolivia.

Una segunda posición, tal vez más realista que la del nacionalismo capitalista, consiste en la pasividad expectante de los estratos dirigentes, a la espera fervorosa de la renovación de los buenos años de relaciones con el exterior y del nuevo avance en el proceso de industrialización hacia estadios más complejos, y de la operación efectiva de los sistemas de bloques económicos regionales que vengan a aliviar el creciente conflicto actual, igual que ha sucedido en el pasado. Lo cual equivale a esperar y contribuir a que se acelere el proceso de subdesarrollo.

La tercera corriente consiste en la que propone la eliminación del estrangulamiento externo mediante una solución total del subdesarrollo, basado en modificaciones radicales a partir de la ruptura con el capitalismo.

A este respecto es importante acotar que el subdesarrollo no es un estadio temporal que se resuelve mediante el simple crecimiento económico. Son necesarias transformaciones profundas y la existencia de relaciones internas y externas diferentes a las que provocan el proceso del subdesarrollo. Por esta razón, al igual que sucedió en España en el siglo XVI, los países adelantados pueden retornar al atraso aun cuando el ingreso por habitante o el nivel de consumo se mantenga en expansión. Bajo este criterio, los países europeos, al igual que los latinoamericanos, están internándose en el subdesarrollo, en la medida que permiten que las relaciones de dependencia externa, y sus correspondientes expresiones internas, influyan a favor de esa condición.

Por otra parte, las perspectivas inmediatas parecen indicar una incapacidad creciente de las economías atrasadas para desligarse de la metrópoli, manteniendo al mismo tiempo las relaciones capitalistas de producción. Por esta razón, las posibilidades de revivir los planteamientos del desarrollo capitalista autónomo en esta época no tienen la menor viabilidad. De aquí que la expectativa del desarrollo se identifique con la capacidad de la sociedad atrasada para cortar los vínculos económicos con la metrópoli, aun a costa de reducir temporalmente los niveles de bienestar de la población. Esto lleva también, necesariamente, a planteamientos políticos y sociales conflictivos para introducir los profundos cambios en las relaciones de producción y en las relaciones de clase que hagan posible el inicio de la eliminación del antidesarrollo, mediante la transformación de la esencia misma de esta forma de funcionamiento.

De la exposición anterior se derivan algunas conclusiones significativas.

Por una parte, el estado de subdesarrollo, entendido éste como la incapacidad de la sociedad de beneficiarse plenamente de sus posibilidades económicas y sociales, está asociado en etapas críticas con los súbitos auges que conllevan elevado bienestar junto con la destrucción de procesos desarrolladores autóctonos. Tal es el caso del momento de expansión moderna de las exportaciones en la segunda mitad del siglo pasado y del crecimiento industrial de mediados del presente.

Otro aspecto que debe subrayarse es el que se refiere a la oportunidad que prevaleció hasta mediados del actual siglo para resolver el estado de subdesarrollo capitalista y la manera como esa oportunidad se ha desvanecido en razón del cambio estructural del funcionamiento capitalista a partir de entonces.

Una cuestión adicional reside en el hecho de que el bienestar en el corto plazo ha sido un poderoso motivo en la determinación y permanencia del estado de subdesarrollo. En igual sentido influyen algunas consideraciones de orden técnico-productivo que aconsejan la obtención de máxima eficiencia a ultranza sin tomar en cuenta los procesos productivos, administrativos, políticos e intelectuales dentro de los que cobra significado dicha eficiencia.

Por último, y como consecuencia de las apreciaciones anteriores, es de señalarse que la condición de subdesarrollo es una resultante de influencias externas y de procesos internos. No bastan los factores ajenos para que surja el subdesarrollo sino que la esencia misma de ese proceso reside en la actitud y acción receptiva de los países periféricos a dichas influencias, las que siempre vienen acompañadas de fastuosos beneficios. Así, las decisiones técnicas, administrativas y políticas que se hacen cotidianamente son las principales fuentes del subdesarrollo. Entre estas decisiones resalta la adopción del pragmatismo en el manejo de la cosa pública como medio idóneo para evadir la confrontación consciente de la contribución individual al subdesarrollo, en parte debido a los beneficios inmediatos para los individuos y para los países derivados de dicha práctica.

REFERENCIAS

CAPÍTULO I

I. Adelman, *Teorías del desarrollo económico,* Fondo de Cultura Económica, México, 1964.

P. A. Baran, *La economía política del crecimiento,* Fondo de Cultura Económica, México, 1959.

M. Bunge, *La ciencia, su método y su filosofía,* Siglo Veinte, Buenos Aires, 1970.

E. de Gortari, *Introducción a la lógica dialéctica,* Fondo de Cultura Económica, México, 1956.

M. Dobb, *Economía política y capitalismo,* Fondo de Cultura Económica, México, 1945.

E. Hagen (comp.), *Plannig economic development,* Irwin, Illinois, 1963.

B. Higgins, *Economic development,* Constable, Londres, 1959.

B. Hoselitz, *Sociological aspects of economic growth,* The Free Press, Glencoe, 1962.

J. M. Keynes, *Teoría general de la ocupación, el interés y el dinero,* Fondo de Cultura Económica, México, 1943.

S. Kuznets, *Modern economic growth,* Yale University Press, 1966.

O. Lange, *Economía política,* Fondo de Cultura Económica, México, 1966.

W. A. Lewis, *Teoría de la planificación económica,* Fondo de Cultura Económica, México, 1968.

W. A. Lewis, *Teoría del desarrollo económico,* Fondo de Cultura Económica, México, 1958.

K. Mannheim, *Libertad, poder y planificación democrática,* Fondo de Cultura Económica, México, 1953.

G. M. Meier y R. E. Baldwin, *Desarrollo económico: teoría, historia y política,* Aguilar, Madrid, 1964.

A. C. Pigou, *Teoría y realidad económica,* Fondo de Cultura Económica, México, 1942.

R. Prebisch, *Hacia una dinámica del desarrollo latinoamericano,* Fondo de Cultura Económica, México, 1963.

J. A. Schumpeter, *Socialismo, capitalismo y democracia,* Buenos Aires, 1946.

O. Sunkel y P. Paz, *El subdesarrollo latinoamericano y la teoría del desarrollo,* Siglo XXI, México, 1970.

J. Tinbergen, *Planeación del desarrollo,* Fondo de Cultura Económica, México, 1959.

El pensamiento de la CEPAL, Editorial Universitaria, Santiago, 1969.

CAPÍTULO II

T. Balogh, *The economics of poverty,* Londres, 1966.

R. Barre, *Desarrollo económico,* Fondo de Cultura Económica, México, 1962.

M. Bunge, *Causality: The place of the causal principle in modern science,* Harvard University Press, 1959.

CEPAL, *Problemas teóricos y prácticos del crecimiento económico,* México, 1951.

CEPAL, *Análisis y proyecciones del desarrollo económico. Introducción a la técnica de programación,* México, 1955.

CEPAL, *El desarrollo económico de América Latina en la postguerra,* Nueva York, 1963.

C. Clark, *The conditions of economic progress,* Londres, 1952.

A. J. Coale y E. M. Hoover, *Population growth and economic development in low income countries,* Princeton University Press, 1958.

M. Gilbert (comp.), *Income and wealth series,* Bowes and Bowes, Cambridge.

E. Hagen (comp.), *On the theory of social change,* Dorsey Press, Illinois, 1962.

S. Kuznets, *Aspectos cuantitativos del desarrollo económico,* CEMLA, México, 1964.

V. Marrama, *Política económica de los países subdesarrollados,* Aguilar, Madrid, 1961.

R. Nurkse, *Problemas de formación de capital,* Fondo de Cultura Económica, México, 1960.

G. Ohlin, *Population control and economic development,* OECD, París, 1967.

P. Rosenstein-Rodan (comp.), *Capital formation and economic development,* Londres, 1964.

W. W. Rostow, *Las etapas del desarrollo económico,* Fondo de Cultura Económica, México, 1961.

J. Russel, *World population and food supplies,* Londres, 1952.

W. Sombart, *El apogeo del capitalismo,* Fondo de Cultura Económica, México, 1946.

CAPÍTULO III

A. J. Ayer, *The foundation of the empirical knowledge,* Macmillan, Londres, 1964.

J. Bernal, *Social function of science,* MIT Press, 1967.

R. B. Braithwaite, *Scientific Explanation,* Harper and Row, Nueva York, 1965.

M. Brennan, *Preface to econometrics,* South Western Publishing Co., 1965.

P. González Casanova, *Sociología de la explotación,* Siglo XXI, México, 1969.

F. Kaufmann, *Metodología de las ciencias sociales,* Fondo de Cultura Económica, México, 1946.

Kemeny-Snell, *Mathematical models in the social sciences,* Ginn and Co., 1962.

O. Lange, *Introducción a la economía cibernética,* Siglo XXI, Madrid, 1969.

O. Lange, *Introducción a la econometría,* Fondo de Cultura Económica, México, 1964.

E. Mandel, *Tratado de economía marxista,* Ediciones ERA, México, 1969.

C. Marx, *El capital,* Fondo de Cultura Económica, México, 1959.
E. Nagel, *The structure of science,* Routledge, Nueva York, 1961.
F. Pardinas, *Metodología y técnicas de investigación en ciencias sociales,* Siglo XXI, México, 1966.
P. M. Sweezy, *Teoría del desarrollo capitalista,* Fondo de Cultura Económica, México, 1945.
J. Tinbergen, *Mathematical models of economic growth,* McGraw-Hill, 1962.
H. Wold, *Econometric model building,* North Holland Pub. Co., Amsterdam, 1964.
C. Wright Mills, *The Sociological Imagination,* Oxford University Press, Nueva York, 1959.
L. J. Zimmerman, *Países pobres, países ricos,* Siglo XXI, México, 1966.

CAPÍTULO IV

S. Bagú, *Economía de la sociedad colonial,* El Ateneo, Buenos Aires, 1949.
D. A. Baldwin, *Economic development and american foreingn policy 1943-1962,* Chicago, 1966.
P. A. Baran y P. M. Sweezy, *El capitalismo monopolista,* Siglo XXI, México, 1969.
CEPAL, *El financiamiento externo de América Latina,* Nueva York, 1964.
M. Dobb, *Economía política y capitalismo,* Fondo de Cultura Económica, México, 1961.
M. Dobb y otros, *La transición del feudalismo al capitalismo,* Ciencia Nueva, Madrid, 1967.
H. S. Ellis (comp.), *Economic development for Latin America,* Nueva York, 1961.
H. Feis, *Europe, the World's Banker 1870-1914,* Nueva York, 1965.
A. G. Frank, *Latin America, decrepit castle with a feudal seeming façade,* Monthly Review, 1963.

A. G. Frank, "Sociología del desarrollo y subdesarrollo de la sociología", revista *Desarrollo Indoamericano,* 9 y 10, Bogotá, 1969.

C. Furtado, *La economía latinoamericana desde la conquista ibérica hasta la Revolución cubana,* Siglo XXI, México, 1969.

C. Furtado, *La hegemonía de los Estados Unidos y el desarrollo de América Latina* (mimeógrafo), 1966.

G. Germani, *Política y sociedad en una época de transición,* Paidós, Buenos Aires, 1962.

L. H. Jenks, *The migration of british capital to 1875,* Nueva York, 1927.

C. P. Kindleberger, *Foreign trade and the national economy,* Yale University Press, 1962.

R. Losada Aldama, *Dialéctica del subdesarrollo,* Grijalbo, México, 1969.

H. Magdoff, *La era del imperialismo,* Nuestro Tiempo, México, 1969.

J. Noyola, "El desarrollo económico y la inflación en México y otros países latinoamericanos", *Investigación Económica,* XVI, núm. 4, México, 1956.

A. Pinto, *Política y desarrollo,* Editorial Universitaria, Santiago, 1968.

R. Prebisch, "El falso dilema entre desarrollo económico y estabilidad monetaria", *Boletín Económico de América Latina,* CEPAL, marzo de 1961.

D. Seers, "Inflación y crecimiento: Resumen de la experiencia latinoamericana", *Boletín Económico de América Latina,* CEPAL, febrero de 1962.

C. Veliz (comp.), *Obstacles to change in Latin America,* Oxford University Press, 1965.

CAPÍTULO V

R. Altamira y Crevea, *Historia de España y de la civilización española,* Barcelona, 1913.

F. Cardoso y E. Faletto, *Dependencia y desarrollo en América Latina,* Siglo XXI, México, 1969.

J. L. Ceceña, *El capital monopolista y la economía de México,* Cuadernos Americanos, México, 1963.

L. Chávez Orozco, *Historia económica y social de México. Ensayo de interpretación,* Ediciones Botas, México, 1938.

T. di Tella, *El sistema político argentino y la clase obrera,* EUDEBA, Buenos Aires, 1964.

J. H. Elliot, *Imperial Spain 1469-1716,* Arnold, Londres, 1963.

A. Ferrer, *La economía argentina,* Fondo de Cultura Económica, México, 1963.

C. Furtado, *Formación económica del Brasil,* Fondo de Cultura Económica, México, 1962.

Ch. Gibson, *Spain in America,* Evanston, Nueva York, 1966.

T. Halperin Donghi, *Historia contemporánea de América Latina,* Alianza Editorial, Madrid, 1969.

E. J. Hamilton, *American treasure and the price revolution in Spain, 1501-1650*, Cambridge, 1934.

L. Hanke, *History of latin american civilization: sources and interpretations,* Little, Brown and Co., Boston, 1967.

J. A. Hobson, *Imperialism: a study,* Allen and Unwin, Londres, 1948.

R. A. Humphreys y J. Lynch, *The origins of the latin american revolutions, 1808-1826,* Knopf, Nueva York, 1966.

H. Jaguaribe, *Desarrollo económico y desarrollo político,* EUDEBA, Buenos Aires, 1964.

A. Jara, *Problemas y métodos de la historia económica hispanoamericana,* Universidad de Venezuela, Caracas, 1969.

C. Matus, "Algunas cuestiones básicas para la discusión de una estrategia del desarrollo latinoamericano", *Trimestre Económico*, 148, octubre-diciembre de 1970.

J. Miranda, *España y Nueva España en la época de Felipe II*, ensayo introductorio incluido en el primer volumen de las *Obras completas* de Francisco Hernández, UNAM, México, 1962.

J. H. Parry, *The spanish seaborne empire,* Hutchinson, Londres, 1966.

A. Pinto, *Chile, una economía difícil,* Fondo de Cultura Económica, México, 1964.

L. Solís, *La realidad económica mexicana: retrovisión y perspectivas,* Siglo XXI, México, 1970.

Stanley J. y B. Stein, *La herencia colonial de América Latina,* Siglo XXI, México, 1970.

V. L. Tapié, *Histoire de l'Amérique Latine au xixe siècle,* París, 1945.

E. Torres-Rivas, *Posibilidades y modalidades del desarrollo en Centroamérica,* ILPES, Santiago, 1967.

U.S. Departament of Commerce, *U.S. business investment in foreign countries,* Washington, 1960.

Varios, *La dependencia político-económica de América Latina,* Siglo XXI, México, 1969.

C. Veliz (comp.), *The politics of conformity in Latin America,* Oxford University Press, Londres, 1967.

J. Vicens Vives (editor), *Historia económica y social de España (1957-1959).*

P. Vilar, *Crecimiento y desarrollo. Economía e historia. Reflexiones sobre el caso español,* Ariel, Madrid, 1964.

S. Zavala, *Las instituciones jurídicas de la conquista de América,* Madrid, 1935.

impreso en candiani
av. taxqueña 1784
col. paseos de taxqueña
quinientos ejemplares y sobrantes
30 de abril de 1999